U0831345

喜阅长征

陈 晴 雷后兰 著

山西出版传媒集团 山西教育出版社

图书在版编目（CIP）数据

喜阅长征 / 陈晴，雷后兰著. — 太原 ：山西教育出版社，2018. 4
ISBN 978-7-5440-9863-2

Ⅰ. ①喜… Ⅱ. ①陈… ②雷… Ⅲ. ①乡村教育–研究–中国 Ⅳ. ①G725

中国版本图书馆CIP数据核字（2018）第059551号

喜阅长征

责任编辑 任 苑
复　　审 李梦燕
终　　审 彭琼梅
装帧设计 陈 晓
印装监制 赵 群
出版发行 山西出版传媒集团·山西教育出版社
（太原市水西门街馒头巷7号 电话：0351-4035711 邮编：030002）
印　　装 山西三联印刷厂
开　　本 889×1194 1/32
印　　张 8
字　　数 129千字
版　　次 2018年4月第1版 2018年4月第1次印刷
书　　号 ISBN 978-7-5440-9863-2
定　　价 28.00元

如发现印、装质量问题，影响阅读，请与印制科联系调换。电话：0351-4729588

目录

代序

一个人的阅读长征[1] / 朱永新

对“新孩子”乡村阅读公益行要说的话很多，的确是想说的话也很多，但是一直不知道怎么说。因为这一次的公益行的确让我很感动、很感慨，也很感激。我没有想到这件事情能够坚持下来，因为它的艰苦、它的困难、它的挑战的确是非常之大。

在童喜喜走完100所乡村学校、做完100多场阅读公益讲座的时候，我突然想到了毛泽东1935年12月在瓦窑堡做的一个报告，这个报告的名字叫《论反对日本帝国主义的策略》，这个报告里面有一段讲长征，毛泽东在这个报告里面说：“长征是历史纪录上

①本文为朱永新在2015年6月6日“新孩子”乡村阅读公益行第二阶段启动仪式上的讲话，代为序。

的第一次，长征是宣言书，长征是宣传队，长征是播种机。”

我在想，喜喜这一次的公益行动不就是阅读的长征吗？

毛泽东在这个报告里面说长征：“十二个月光阴中间，天上每日几十架飞机侦察轰炸，地下几十万大军围追堵截，路上遇着了说不尽的艰难险阻，我们却开动了每人的两只脚，长驱二万余里，纵横十一个省。请问历史上曾有过我们这样的长征吗？”

今天，尽管我们天上不再有飞机侦察轰炸，地上也不再有大军围追堵截，我们有了现代化的交通工具，我们也不用为生命而担忧，但是喜喜只身一人，和团队幕后合作走了比长征多几倍的路，走了15万多公里，走了比长征更多的省份，覆盖了中国32个省、自治区、直辖市。此前我跟二十一世纪出版社集团总编辑说过，大概在我们教育的历史上、在作家的历史上，这也是前所未有的。

一个人在短短8个多月的时间里走了那么多的省份。她经常是一早出门，赶到一个地方，上午做一个讲座，讲座完了以后中午出发，到了下午进行第二场讲座，讲座完了以后再出发到另一个地方，再为明天的讲座做准备……这样连轴转。大家很难想象她这样一个弱小的身躯是怎样支撑这样一个行动的，这远远超出了我能够预料到的困难。

所以，“新孩子”乡村阅读公益行的确是一个宣言，我觉得这就是一个关于教育公益的宣言。这不是一次简单的公益行、一次简单的阅读推广，当然也不是简单的扶贫，不是喜喜说的简单的一个内心的远足，事实上她是在做一个教育的公益，她是在探索过一种幸福完整的教育生活的可能性。过一种幸福完整的教育生活，尤其是让乡村的教师也能够过一种幸福完整的教育生活，应该说，这是我们新教育的追求，喜喜用她的行动做了一个这样的宣言。

同时，“新孩子”乡村阅读公益行也的确是一支宣传队。这次公益行的学校有一些并不是新教育学校，他们是偶然通过各种各样的路径知道了这次的公益行项目而来申请。这些学校有7万余名师生听了喜喜的报告，与喜喜一起交流，应该说对新教育的宣传、推广起到了非常重大的作用。

当然，这次公益行活动又是一个播种机。应该说喜喜所到之处，差不多都兴起了一股小旋风。她在这100所学校播的是一个新教育的种子，播的是一个阅读的种子，播的是一个家校合作的种子，播的是一个幸福观念的种子。我相信这些种子总会发芽，总会长叶，总会开花，总会结果。

所以它的确是了不起的长征。我相信哪怕不能算是绝后，可是，谁要在这么短的时间内，以个人之力做这样的事情，恐怕是很难的，甚至是难以复制的。这100所学校跟新教育的2000多所加盟实验校相比虽然不是很多，但是它的意义非常大。它覆盖了中国32个省、自治区、直辖市，应该说把新教育的理念尽可能地拓展推广到了各个领域。

喜喜相遇新教育很偶然。我没记错的话，她在2009年偶然参加了江苏海门那次新教育年会。当时她是一个作家，有一个教育局局长在她做“作家进校园”活动的时候认识了她，然后无意间聊到了新教育。读了这位局长写的新教育的书，她被感动了，说怎么有这样一群人在做这样的事情？当她应邀参会后，看到我们的会开到最后一刻，人不但没走而且不断地在增多，好多人席地而坐，她在想：中国怎么还有这样的会议？在她看来这是不可能发生的事情。但是她看到的是现实。所以，从那之后她就开始走进我们新教育学校，走了数百所新教育学校。从2011年开始，她就自愿成为新教育的全职义工。所谓全职义工就是不拿一分钱为新教育干活，而且她把自己的稿费也差不多全都捐给了新教育中她的团队和她的研究。

应该说这几年来，她记住了她是一个新教育义工，而忘了她是一个作家。事实上，喜喜作为一个作家是值得我们尊敬的。她用6天的时间写出了今天已经是名著、今后会有更大影响力的《嘭嘭嘭》，看到这本书的孩子大概会因这本书而改变其一生。她曾经把上海一个孩子写给她的信转给我看，那个孩子当时是一个高三的学生，现已经考上了美国的大学，信中讲述的是自己在小学的时候读过这本书，并讲了这本书怎么样影响了她整个人生轨迹的故事。

喜喜把《嘭嘭嘭》这本书的首印稿费全部捐赠，资助了30名失学儿童。然后，她用将近5年的时间，写出了中国第一部以儿童视角反映二战和南京大屠杀的童书《影之翼》。以儿童文学的形式写战争是不容易的事情，但是喜喜把它写得那么深刻，对和平充满了向往，这是很不容易做到的。实际上，《影之翼》这本书已经显示她在儿童文学上的高度。

跟这部书在一起的是《玻璃间》《我找我》等。

我对喜喜说，这些书不仅是文学，同时还含有哲学，有对人生、对世界、对真理的探索。

但是，我们并没有为喜喜的作品去做推广，所以文学界、教育界看不到这些书的价值。我跟喜喜说："就这些书你已经可以留在文学史上，就这些书已经把你在儿童文学的地位奠定了。"如果她用这几年的时间去写她的儿童文学，我相信她会远远超过很多儿童文学作家，那是她的功力。

但是她把她的时间给了新教育。她走过这些学校，把新教育学校的故事写下来，把遇见的那些美好记录下来。她写了《那些新教育的花儿》，主编了《这群有种的教师》，把我们那些在新教育学校的优秀教师的成长故事记录下来，她能启动"新孩子"乡村阅读公益行，也是源于一个作品，这是我们在屏幕上看到的《新教育的一年级》。

这套《新教育的一年级》甚至还远远没有被发现它的价值，因为它不仅仅是一部儿童文学作品，同时也是一本教育著作。喜喜在《新教育的一年级》系列丛书中，把新教育的十大行动、每月一事，通过一个又一个真实的教育故事，深入浅出地讲出来。它是一个非常好的宣传新教育的用书，同时它也是新教育的指导手册。老师一拿到这本书，就知道怎么去做：每月一事怎么做，晨诵怎么做，活动怎么做，今天教的课程怎么做，每个月应该做好哪些事情……事实上，这套书就是教你怎么去做老师，就是指导手册，是我觉得我们很多新教育老师都必须学习的。

喜喜已经在构思她的新教育二年级、三年级、四年级、五年级和六年级。她说她要用三到五年的时间，争取把后续的每个年级的事都写出来。我们知道，她如果不把精力用在做新教育义工，而用在写作这件事上，那也会很棒。但是她把更多的精力和时间都用在新教育的事业上。她每天的短信、每天的邮件之多，我们无法想象，差不多也可以算作指挥千军万马了。因为在全国有几十个城市的萤火虫工作站的事情，都在她的脑子里，她那股子干劲儿也会影响到新教育写作——之所以我在前面称儿童文学写作，现在称新教育写作，是因为她同时还有大量的新教育的事务。比如她甚至还承担着我们新教育的出版统筹，也就是说我们新教育其他老师出版的创作，都要一一经过她的手，编辑后才交给出版社。她为新教育做了许多大家所不知道的事情。我觉得这不是一两句感谢的话能够说完的，的确是这样。所以，看到她那样工作的很多人提醒我说，朱老师，你该提醒童喜喜，不能那样弄，那样弄长远不了，把身体搞垮了，就一切都完了，新教育需要这样一个优秀的人才，你得保护这样的人才。

从走进新教育开始，喜喜就是一个不知疲倦的“新孩子”，在新教育里面奔跑着、欢乐着，当然也痛苦着。她会为每一个新教育的成就而骄傲，为每一个新教育种子教师的进步而欣喜；她会为每一个城市的“萤火虫”而牵挂，为每一个新教育的失误而焦虑；为每一个新教育人的离开而伤心，甚至于为我们一个小小的决策失误而愤怒。爱憎分明是她的个性。在这样一个过程中，她是用心和新教育在交流。

这次“新孩子”乡村阅读公益行的意义，我觉得的确非常重要。事实上，大家还远远没有看出这次公益行的意义。《读写月报・新教育》上刊发了喜喜的一篇文章《生如萤火》，其实本来不是这个标题。喜喜最初的文章给我看过，原来的标题是《绝望是乡村真正的死亡》，在编辑要求下才改为了《生如萤火》。“绝望是乡村真正的死亡”，应该说这个名字契合了公益行的主题。

通过“新孩子”乡村阅读公益行，她想真正去唤醒乡村教师、乡村孩子、乡村父母和乡村人的文化直觉。她想通过点燃一个个学校、一个个教师和父母，让他们知道，只有精神富裕，我们的国家才能富裕。

所以，“新孩子”乡村阅读公益行最大的意义之一，事实上就是真正地把文化的种子、阅读的种子撒到乡村。我觉得我们关注“新孩子”乡村阅读公益行，应该关注的是这样的意义。

同时，关注阅读，“新孩子”乡村阅读公益行的效果是比较好的，喜喜作为一个阅读的领读者，作为一个在全国阅读领域的阅读推广人，她自己的身份是非常有价值的，她本身就是通过阅读成长起来的。

在“新孩子”乡村阅读公益行第二阶段的启动仪式上，一位来自上海的孩子分享了她听过喜喜的阅读讲座后的感想。我很惊讶，一个孩子听了这一场报告，她就能够如此完整地讲述出来喜喜的故事，可见，喜喜的报告是振奋人心的，是让孩子能够记住一辈子的。喜喜能够用她自己成长的故事，将她自己的人生经验告诉孩子，只要阅读你就能够改变，只要阅读你就能够成长，这是喜喜在推广阅读中具有的独特价值，是一个独特定义。

所以，喜喜以个人之力在做这样一件有意义的事情，我觉得我们应该特别地敬重她。中国的作家很多，但是像喜喜这样用自己的生命去写作，用自己的激情去点燃他人的作家，没那么多。我们希望用喜喜的故事去唤醒、去吸引更多的作家，我们也希望二十一世纪出版社集团组织签约作者参与到公益行中来，让他们到“新孩子”的项目学校。

这次“新孩子”乡村阅读公益行活动，要特别感谢二十一世纪出版社集团，这次出版社集团为公益行捐了价值1000万元，即每所学校10万元的图书。二十一世纪出版社集团是中国最有影响力的儿童文学出版机构之一。这个出版社有一个很重要的宗旨，就是社会影响力比利润更重要。这次活动是他们对中国乡村学校所做的一次公益资助，彰显了一个出版社的社会责任感，他们做了有意义而且有意思的事情。

二十一世纪出版社集团还把《新教育的一年级》这套书利润的50%捐给新教育基金会，喜喜老师也把自己稿费的50%捐给新教育基金会，所以我们也期待二十一世纪出版社集团把《新教育的一年级》发行好，我们的学校把这套书使用好。现在有很多学校，像北京首都师范大学附属小学，就是人手一册《新教育的一年级》，作为幼小衔接、小学生新生入学的最好的读本。我们不是推广这套书，实际上是通过这套书推广新教育的理念。

最后我要特别感谢来参加这次活动的所有校长。因为我知道这个时段，是学校最忙的时候，尽管我们的小学离高考还远一点，但是接下来的三天就是高考时间，很多人的孩子、很多人的亲友，都要参加高考，很多学校也进入期末的各种工作的准备之中，大家能参加这样的活动非常不容易。除了100所乡村学校以外，我们还有20多所以祝禧校长为首的联盟学校，能够挤出时间来参加这样的活动，我真的非常感动。我经常说，事实上是你们在推动新教育，没有你们哪有新教育，没有肥沃的土壤永远没有新教育的诞生，如果没有大家对新教育的信任、理解和支持，不离不弃，新教育不会走到今天。新教育从最初一个人的念想，变成一个团队的梦想，再变成无数人的积极的行动，这更多的是靠团队的力量，靠大家的努力，靠所有的参与者。

我们在2006年新教育的年会上说过，新教育是一锅石头汤，这锅石头汤味道能不能鲜美，在于我们每个人能不能自觉地往这锅石头汤里面添最好的材料。新教育的发展依靠每一个团队的创造，依靠每一所学校的努力。在新教育推广的过程中，需要新教育的团队继续努力，需要参与者全心奉献。

这100所学校遇到新教育，有些时间较早一些，已经是新教育学校，有些时间较晚一些，目前还没有成为新教育学校。我相信有了“新孩子”乡村阅读公益行第二阶段的活动，有了不断的后续跟进和研修，我们就能够像滚雪球一样越滚越大，我们就能够越走越远。

我相信，只要我们一起努力，我们再走入乡村，一定会有越来越多的“新孩子”，越来越多的幸福而完整的孩子们、教师们、父母们、校长们，让所有相遇的人，都因此而幸福，因此而骄傲，我也愿意跟随着大家的脚步，一起前行。

第一章

喜阅长征之缘起

一个人，秉持一份爱之初心，背负一份推广阅读、传播幸福的责任，借力于一个精诚合作的团队，拖着一副弱不禁风的小小身躯，可以走多远？可以做出什么样的伟业？

请看这一幅画卷吧——只身一人，历时8个多月，行程15万多公里，相当于绕地球近4圈，在中国32个省、自治区、直辖市的100所乡村学校中，做了196场免费讲座，播下阅读的种子。

毫不夸张地说，“新孩子”乡村阅读公益行就是一场阅读的长征。这次“长征”，在中国作家的历史上、在中国教育的历史上，都前所未有。

故事的展开，当然要从这个人和这个团队开始。

她是谁?

她，小小个子，一袭白衣，只身一人，历时8个多月，东至黑龙江省林口县林业局子弟小学，南至海南省保亭县响水中心学校，西至新疆伊犁州伊宁县第二小学，北至内蒙古满洲里市第六学校，义务为学生父母做了100场《共读共行新孩子》的亲子共读讲座，与乡村教师进行了96场《喜阅读出好孩子》的师生共读座谈，听众达71940人次，“所到之处差不多都掀起了一股小旋风”（听众如是说）。这个小小的她，哪里来的这么大的能量？她是谁？

她，就是受到无数父母和孩子喜欢的儿童文学作家童喜喜——一个具有丰富的想象力、持续的创作激情、思维奇特、风格百变的优秀作家。其成名作《嘭嘭嘭》用6天时间一气呵成，屡获国家大奖，畅销10年而不衰。其代表作《影之翼》用5年时间打磨完成，是中国首部以儿童视角反思南京大屠杀的童书，被许多小学选定为高年级师生共读书目，专家与读者、父母和孩子，交相赞誉。10余年来，著有《嘭嘭嘭》系列、《新教育的一年级》系列、《发明大王上学记》系列等儿童文学20余部，《喜阅读出好孩子》《这一群有种的教师》等关于新教育的作品数部。其作品获冰心文学奖、全国优秀畅销书奖等国家级奖10余次，多次被选定为各类读书大赛必读书目。从1999年开始，她用稿费先后资助了35名失学儿童，向几千名贫困地区的孩子赠送各种课外书，到山区小学支教（系当地十几年来唯一的女老师），汶川地震后到灾区做志愿者……

她，又是一个狂热于阅读研究、痴迷于阅读推广的行动者。自2010年始，她撰写的《中国孩子的阅读问题》系列文章，引得无数网友热议与转载，得到父母和孩子的称赞。

她，更是一个具有责任感、使命感和悲天悯人情怀的教育公益人。自2009年7月走进新教育实验至今，先后捐赠稿费200余万元，用于资助开展新教育种子教师计划、新教育萤火虫亲子共读等公益项目，并身体力行，成为新教育专职义工。创办新教育新父母研究所并担任所长，兼任新教育研究院副院长。自2011年底，她带领着400余人的新教育萤火虫义工团队，以“点亮自己，照亮他人”为宗旨，为数万中小学生父母义务提供及时的家庭新教育指导，广受欢迎和热评。

而如今，童喜喜又多了一个身份：“乡村阅读公益行的领跑者”（《中国教育报》）。

激情演讲的童喜喜

他们是谁?

这场被誉为长征的乡村阅读公益行显然不是童喜喜仅凭一已之力就能完成的，在童喜喜这个领跑者的身后，是一群和她一样为乡村的未来、为教育的未来全身心投入的人——萤火虫团队。

2011年11月23日下午，童喜喜向新教育发起人朱永新教授主动请缨，以自己的稿费启动了“萤火虫”亲子共读公益项目。

新教育实验萌动于1999年，2000年朱永新教授出版的《我的教育理想》一书，阐释了新教育的基本思想。朱永新对现行教育的反思和对行动的渴望，引发了民间教育思想者的热烈响应，通过网络，通过对话与碰撞，一种新教育理念逐渐形成，并迅速被广大教育工作者付诸行动，以“营造书香校园”等十大行动为特色的理论和实践显示出非凡的感召力，让无数教师感动、感奋，让诸多身处应试重压下疲于应付的教师找到了努力的方向，看到了真切的希望，吸引了全国各地3000多所学校、300多万师生投身其中。新教育的核心理念是：过一种幸福完整的教育生活。

童喜喜在微博上对自己作了定位：全职义工型项目负责人，将工资与补助全部捐赠给新教育。她还贴出了美国经济学家、思想家加尔布雷思的一段话："一个国家的前途，不取决于它的国库之殷实，不取决于它的城堡之坚固，也不取决于它的公共设施之华丽，而在于它的公民的文明素养，即在于人们所受的教育……"在这段话后，童喜喜写道："绝大多数创作者，都有本职工作。如今我的本职是亲子阅读的研究与推广，合约两年。之所以将两年中本职工作的收入全部捐赠新教育，是因为：一、我爱新教育。二、我珍惜我的新教育义工身份胜于一切。三、借经济的压力，让我业余不要忘记写作，而且要写得更好。欢迎大家监督我。"

就这样，由童喜喜汇聚的这个萤火虫团队，秉承"点亮自己，照亮他人"的精神，在教育的田野上飞舞，成为推动新教育、推动全民阅读的一支重要力量。

喜结缘

结缘新教育

冥冥之中似有天意。回看童喜喜和新教育一路走来的轨迹，似乎上天早已为他们安排了一场命定的相遇，一场殊途同归。

1999年，童喜喜捐赠一篇文章的稿费，资助了1位失学女童。

同年底，朱永新先生读《管理大师德鲁克》一书，萌生做新教育的念头。

2003年，童喜喜捐赠了《嘭嘭嘭》一书的稿费，资助了30位失学女童。

同年，新教育召开了第一届年会。

2009 年，童喜喜在参加出版社组织的“作家进校园”活动中，偶然听说了新教育，了解之后深受感动，写下《一位逃兵的敬礼》一文，发在新教育网站“教育在线”论坛上。

6 月，新教育发起人朱永新先生偶然读到此文，深受感动，邀请童喜喜参加新教育年会。

7 月，新教育年会在江苏海门举行，童喜喜第一次走进新教育的会场，走进新教育。作为一个致力于儿童文学创作的作家，一个长期资助和关爱青少年的公益者，她从新教育看到前所未有的一种教育理想，一股教育激情，一份教育诗意。

12 月，童喜喜为新教育实验捐赠《影之翼》首印稿费。

从那时至今，童喜喜深入到了教育一线之中。

2010 年，童喜喜用自己的稿费启动了新教育种子计划公益项目。

2011 年，她又用稿费启动新教育萤火虫亲子共读公益项目。

2012 年，她继续用稿费启动电影课、手语卡等一系列教育项目的研究和推广。

2013 年，她用文学深入解析新教育，创作出《新教育的一年级》……

童喜喜作为新教育全职义工，一路走来，脚印清晰。

结缘“二十一世纪”

关于这次活动如何与二十一世纪出版社集团结缘，童喜喜在她的《生如萤火》一文中专门写了一段文字讲述了这个过程：

……如果二十一世纪出版社能够一起来做这个活动，我希望能够一起探讨一下如何把这个活动做得更纯粹也更丰富。我是把自己视为二十一世纪出版社的一员，在公益行动、阅读推广上进行一次探索，是一起用心地合作，认认真真、仔仔细细地做一件事情，而不仅是做一个宣传。

6天后的10月15日，我收到了回复的邮件：公益活动我们大力支持，您列的费用情况没有问题，所需要的资助我们也尽量帮忙。另张社长说，我们社可以给每所学校捐助10万码洋的图书，共1000万码洋，也算是支持您的公益行。

回复我的人，就是我新书的策划编辑、二十一世纪出版社副社长林云老师。……

我在做题为《共读共行新孩子》的系列乡村公益讲座结尾时，会对所有听众说这样一段话——

我写了一套《新教育的一年级》的书，这套书出版时，我捐赠50%稿费、出版社捐赠50%利润。我一高兴，就对出版社说，我一直想去乡村推动阅读，想做一个这样的公益活动。结果，这个二十一世纪出版社的社长张秋林先生，在此之前我就跟他见过两次面，都是在饭桌上见的，两次见面加在一起说话不超过十句，他派一位编辑来找我，说："童喜喜，我们负责你乡村阅读公益行的所有费用，并且，我们为每所乡村学校捐赠10万码洋的图书。"这就是这样一场全国大型公益活动的缘起。

是的，就是这么简单。一场规模空前、影响深远的教育公益活动就在这群真正关注乡村、关心教育、关爱下一代的同路人短短几天的沟通、短短几句的交流中，悄然启动了。

为什么?

在这次公益行活动策划伊始，就有无数的声音问童喜喜：“为什么？”有了解她身体状况、心疼她的，担忧地问“为什么”；有同样关心教育的同仁，探讨地问“为什么”；也有心怀叵测的人质疑地问“为什么”。即便是童喜喜自己，在作出这个决定后，在投身活动中历经奔波劳顿、高强度的工作、身体的病痛、严酷的气候、水土不服等磨难时，也会悄声问自己“为什么”。

为什么？让我们尝试着为您追寻答案吧。

为了爱之初心

自1999年用稿费资助了1名失学儿童后，童喜喜对于失学儿童、贫困学子的关注就未停止过。

2003年，童喜喜想写个儿童故事赚笔稿费，再资助1个失学孩子。于是，她用了6天时间，一气呵成《嘭嘭嘭》一书，然后，她听说稿费可能有5万元，能资助30个失学孩子。想到这30个孩子能因为自己的捐赠而重返课堂，从而改变命运，童喜喜便产生小小的欣喜、欣慰之感。

年末，童喜喜回家探亲，得知父母下岗后到农村承包的鱼塘被盗，欠债近10万元。一边是从未谋面的30个失学孩子，一边是生养她的父母，如何抉择？童喜喜决定对父母如实相告捐款的事，她说："稿费还没正式捐。只要你们同意，我马上找编辑不捐了。"父母用朴实而简洁的回答帮她作出了选择："如果你没写这本书呢？"最终，她将稿费捐赠了出去。童喜喜说："这件事深刻地决定了我的一生。"

童喜喜说：爱全世界，不见得比爱一个人伟大；爱一个人，不见得比爱全世界容易。爱无大小，只分真假。

没有这份爱之初心，哪里有她对于教育的关注和全身心地投入？而这次“新孩子”乡村阅读公益行，又从何谈起！

“新孩子”乡村阅读公益行旗帜

为了乡村教育的坚守与未来

2014年年初，童喜喜亲自撰写了招募信，以“新孩子”项目组、二十一世纪出版社集团的名义，在网上发出招募：

时代面临着千年未有之巨变，教育置身于诸种因素缠绕之困局。学校之艰难，教师之艰辛，父母之恐惧，孩子之痛楚，或许，都是前所未有的剧烈。

苦苦求索，追根溯源，我们最终发现一个奥妙——阅读是教育底色，是智识根基，是教与学的根本。

只是，在中国想推动阅读，谈何容易？科举制度窄化阅读，贫困战乱无力阅读，应试教育僵化阅读，信息时代围剿阅读——中国人的阅读之路，被重重大山阻断。

在乡村，一所学校想推动阅读更是难上加难：经济的困顿，观念的陈旧，书籍的匮乏，留守儿童的孤苦……

但是，如果不是黑夜，我们怎能发现萤火之美？如果不是征途，我们怎会珍惜相遇之乐？

“新孩子”乡村阅读公益行，正是希望在这样的困顿中，希望与您携手突围，以您所在的乡村小学为基地，一起推动阅读。

2014年9月1日起至2015年8月31日，我们将在中国挑选100所乡村小学，为每所学校赠送价值10万元的童书，为每所学校派出专家开展免费的阅读讲座，为每所学校的教师、学生父母进行不同层面的阅读培训，为每所学校开展长达3年的跟踪服务……

我们坚信，好的学校，应该成为当地文化生活的中心。为此，我们想走到您的身边，一起推动阅读，一起坚持行动。

我们坚信，从书到人，从学校到家庭，从教师到父母……在这样凝聚一切力量、共同推动阅读的行动中，不仅学生能成长为“新孩子”，我们也会成为“新孩子”——成人容貌，赤子之心。

一个“新孩子”改变一个家庭，一所新学校激活一个乡村。

对于那些渴望知识改变生存状态的乡村孩子、对于那些执着又焦虑于乡村教育的校长和老师，“新孩子”乡村阅读公益行的这封招募信，如同黑夜里的点点萤火，为他们照亮了一条走出困境的小小通道。久旱逢甘霖一般，一封封恳切的信函从四面八方纷至沓来——

冰沟村是湟中县汉东乡的一个偏远山村。这里山大沟深，自然条件恶劣，春秋两季风沙大，水土流失严重，人均耕地少，大多数农民收入来源仅靠农田作物，个别家庭养殖牛羊，收入非常有限，经济发展十分缓慢。全村320户，2131人，村民年均收入千元左右，是省级贫困村。

冰沟小学地处汉东乡政府往西约2公里处的冰沟

村中心地带，学校坐落在半山腰，通往学校的道路陡峭狭窄。近年来，在国家的扶持下，村子硬化了道路，通上了自来水，学校自然条件得到了很大改善。2010年前，学校图书总量为187册；2010年10月，社会各界爱心人士捐赠图书1800册；现在，初步建立了简单的图书室、班级图书角。学校十分重视学生的阅读，规定每周周三下午为阅读日，集中进行阅读。学生阅读兴趣高，效果好。但是，学校的发展需要资金的支持，由于地区经济发展落后，对学校的投资一直不尽如人意。自2010年10月至今，学校图书没有增加一册，原有的图书中适合小学生阅读的书籍基本都读过了。由于图书的缺乏，孩子们的读书兴趣日渐淡薄，课余更多的时间被玩闹所代替，学校制订的读书计划流于形式。

这种尴尬的局面，老师们看在眼里，急在心头，我们多么希望有更多的图书补充进来，让玩闹的孩子们重新捧起书本，用隽永的书香熏陶孩子们不羁的性情，开启懵懂的心智，塑造美好的性格，播下希望的种子。

——青海省湟中县汉东乡冰沟小学

满洲里市第六学校是位于满洲里市经济、文化都较落后的南区的一所新组建的九年一贯制学校。这里95%的学生都是外来务工人员的随迁子女或是留守儿童，家长起早贪黑外出打零工挣钱，无暇照顾、教育孩子，家庭教育水平亟待提高，家庭教育理念亟须加强，家长对家庭教育的认知程度参差不齐，学生没有养成良好的阅读习惯。学校在经费有限的条件下，尽量满足师生的阅读需求，努力营造书香校园。我特别想帮他们做些事情，在为他们进行新教育培训的同时，也向他们介绍“新孩子”乡村阅读公益行的公益活动。现将他们的《“新孩子”乡村阅读公益行申请表》发给你们，希望能通过审批。谢谢！

——内蒙古满洲里市新教育办公室 杨英

西藏林芝市，终年积雪，白雪皑皑，林芝广东实验学校就建在这里，这是一所援建学校。

自建校以来，学校一直重视师生的阅读工作，极力推广师生阅读。学校致力于打造一个充满浓郁文化气息的书香校园，积累文化底蕴，塑造内涵，引导学生养成良好的读书习惯。让阅读与写作促进学生成长，并使之成为学生快乐成长的理想乐园。近3年来，学校通过阅读推广，激发了学生的阅读兴趣，培养了他们良好的读书习惯、创新精神和实践能力，提升了学生的人格修养。最重要的是让我校更多的学生对怎样求知、怎样做事、怎样做人有了更真切的体会，促进了校风、学风的不断转变。

学校一直致力于学生的阅读工作，有推动学生阅读的强烈意愿，并一直寻找一切机会改善学生的阅读条件。但由于缺乏经费等，建校5年来，学校书库的图书更新速度较慢，且部分不适合小学生阅读，对推动学校的阅读工作十分不利。在得知“新孩子”乡村阅读公益行活动能帮助学校实现这个愿望后，学校领导高度重视，故申请本次活动。

——西藏林芝广东实验学校

石屏乡石屏小学是国家级贫困县四川省古蔺县的一所乡村小学。全校有12个教学班，共有老师29人，学生664人。全校师生对阅读都有较浓厚的兴趣。

对于孩子来说，阅读不仅仅是从阅读内容中获取有用信息的一种方式，而且还是构成他们日常生活的一项重要内容，是促进孩子的人性健康发展的有益方式。孩子在阅读对象的潜移默化中会慢慢地形成良好的道德感、审美感和意志力。换句话说，阅读对于孩子的情商发展是十分有利的。我们都知道，情商对于一个正在成长的孩子来说，有的时候甚至会比智商更加重要。一个智商高的孩子，如果没有坚强、乐观的性格以及正确的人生观和世界观辅助的话，是很难真正获得成功的。而这些品格都应该从小培养。

作为一所乡村小学，我校学生的阅读量相对较小，而且阅读的方法不对，学生阅读习惯的养成相对不是很好，我们急需要学生不断提高阅读能力。学校虽然有一定量的藏书，但适合各个年龄段的图书相对较少。作为乡村小学的学生家长，自身在阅读习惯和阅读能力方面就比较薄弱，根本无法对学生的阅读进行指导。

作为一所乡村小学，我们有强烈推动阅读的意愿，希望能通过申请并获得“新孩子”乡村阅读公益行活动资格，把学校的阅读活动推向一个高潮。

我们期待着童喜喜老师点燃孩子们的梦想，拨亮山区教师的心灯……如果有幸，我们的孩子将远离蒙昧，朝向阳光；我们的教师将远离浅薄，朝向丰盈……

——四川省古蔺县石屏乡石屏小学

乌鲁木齐市达坂城区阿克苏中学是一所建校早、发展快、潜力大的哈语系牧区十二年一贯制寄宿制学校，位于乌鲁木齐市达坂城区阿克苏乡阿克苏村。阿克苏乡是乌鲁木齐市最偏远的一个乡，位于市中心东郊130公里处博格达峰南坡。这里是典型的偏远欠发达少数民族农牧区，全乡总人口3710人。2007年，达坂城区政府投资完成了我校危房改造工程，教学楼内配备图书室，因地理位置、周边环境限制等，学校书籍资源有限，班级内未能设置读书角，图书室未设置书架。

阿克苏中学历经78年的风雨沧桑，薪火相传，以其深厚的文化底蕴和鲜明的办学特色，为社会培养了一大批少数民族优秀人才。但由于地处牧区，学校周围没有相关的阅读场所，也没有合适的图书购买场所，从而制约了学校的阅读计划，也严重影响了学生们的阅读水平。在我们学校，95%以上的学生都是农牧民家庭的孩子，没有受过学前教育，学生汉语水平整体偏低，给“双语”教学带来一定的困难，直接影响着学校教学质量。我们迫切地希望通过本次活动提高教师、学生的汉语水平，为他们创造良好的学语言的环境，提高学生的阅读能力，丰富阅读量，促进学生全面发展、个性化发展，激发学生的阅读兴趣，从阅读中找到快乐。

另外，由于我们学校地理位置偏僻、学生父母文化程度低等，学生在平时的学习过程中从外界获取的信息量少，只局限于书本上所学的知识。我们非常希望通过本次活动开阔学生眼界，激发他们对外面世界的好奇心，激发他们的学习动力。

——新疆乌鲁木齐市达坂城区阿克苏中学

奎屯地处西部偏远地区，当地文化生活匮乏，文化气氛较淡薄，人文教育资源也较少。我们的孩子着迷沈石溪的动物小说，但从没有机会见见沈石溪；喜欢雪野的儿童诗，但也从不妄想有一天能像城里的孩子一样在自己的教室里见到雪野。而今年，我们的新的一年级就是以童喜喜《新教育的一年级》为蓝本开展教学和活动的。如果借助此次活动能让孩子们见到他们喜欢的童喜喜，会带给孩子们多大的喜悦和鼓舞啊！所以，我们希望能借助此次公益活动让全校甚至全市的老师、孩子们都来做一次“追星族”。

作为教师，我们都明白阅读的重要性，但我们也深深为课堂以外的、现实的、繁杂的工作所累，渐渐消磨了热情，大多数人都是需要不断被激励的。2004—2007年，大批的教师被派往新教育实验学校学习，这给老师们打开了一个新的教育世界。2010年，朱永新教授和张硕果老师的奎屯之行，再次点燃了老师们的热情。时隔4年，老师们也会新老更替，我们希望借助此次公益行动，能再次点燃老师们的阅读热情。

在多年的阅读推广中，我们也有许多的困惑；在多年的新教育实践中，老师们也深深感到我们的阅读不能很好地坚持下去的一个重要原因是缺乏专业引领。老师们基本是照本宣科，缺少能带领大家进行深入解读的引路人，所以希望借此次公益行动得到新教育研究院专家的指点和今后持续的指导。

我们常常念经一般地向家长们灌输“读书好，多读书”的观点，几乎都成为老生常谈了，缺乏新意和力量，希望借助此次公益活动由专家们向家长介绍，更好地唤醒家长们对阅读的重视，激发家长们身体力行与孩子共同阅读的热情。

学校没有图书室，且真正能让孩子们喜欢的书籍并不多。参加新教育实验以来，由新教育配发的书籍几乎被一届又一届的孩子们翻烂了，我们热切地盼望着新书籍的到来。我们想，童喜喜带来的书，一定会是好看的，并受孩子们所喜爱的。

我们真的很贪心，希望在此次活动中有许多的收获；但我们真的很真诚，其实说到底就是希望能尽一切力量，让我们热爱的新教育能在奎屯长长久久地做下去。

——新疆伊犁州奎屯市第三小学校长　王坚

青海、内蒙古、西藏、云南、贵州、四川、新疆、宁夏……短短几天时间，“新孩子”乡村阅读公益项目的邮箱便已爆满。来自全国各地的乡村学校在申请函中，不约而同地表达了他们对于现状的无奈、对于图书的需求以及通过阅读引领孩子们成长的迫切愿望。乡村小学生由于受家庭环境、经济条件以及父母知识水平的制约，所拥有的课外书籍很少甚至于没有，学校图书室几乎是他们获取课外读物的唯一来源。然而，这些学校的图书室、阅览室的藏书量非常有限，且图书内容远远滞后于时代的发展，阅览室成了“空室”，激发孩子们的阅读兴趣、满足他们的阅读欲望、培养他们的阅读习惯已然成了“空想”，“以阅读滋养孩子”又从何谈起！这些坚守在乡村教育岗位上的教师们只能将一腔热情化为一声喟叹，心有余而力不足。

而图书与阅读的匮乏折射出的乡村教育问题更是令人担忧。乡村的青壮年们背井离乡奔赴城市，宁可居无定所地漂泊，也不愿回到日益窘迫和衰败的乡村。在他们义无反顾的身后，是在故土苦苦支撑、相依为命的留守儿童和留守老人，其中的辛酸与无奈，谁经历谁知道。这种状况直接导致乡村孩子们面临家庭教育、亲情滋养的缺失，乡村面临传统习俗、优秀文化传承的断层。

童喜喜与孩子们在一起

我们无意也无力探讨乡村城镇化的功过得失，但至少在这个过程中，我们看到了乡村教育急需改善的现状，我们感受到了教师的渴望、感受到了乡村孩子的期盼。我们能做的是以一己之力带动更多的人加入对乡村教育的支持中来。

阅读，正是最直接、最高效的传承文化的方式。“新孩子”乡村阅读公益行走的正是一条以阅读来推进、以公益来带动的重新点燃乡村教育之路。

为了追寻和创造幸福

童喜喜曾经做过一个题为“我们为追寻和创造幸福而来”的致辞，简要概括了她对生活、对教育，也包括对“新孩子”乡村阅读公益行这一类活动所理解的更深层次的意义：

我们来到这儿做什么呢？

可能每个人都有自己的答案。我想分享一个我的答案，相信大家不会反对，就是：我们来到这儿，就是为了追寻幸福；我们来到这儿，就是为了更好地创造幸福。我们常常说，这个世界不尽如我们的想象。可是，人活着，唯一的使命就是：改变这个世界。不管你愿意不愿意，只要你活着，那么——如果你幸福，世界就会因为你的幸福，更多了一分幸福；如果你美好，世界就会因为你的美好，更增添了一分美好。

因此，我们常常说，过一种完整幸福的教育生活，是新教育的宗旨。但是，什么是幸福呢？

幸福是一种智慧。所以我们这次活动邀请了大量专家来为大家开阔眼界，来分享他们是如何创造并且拥有幸福的，以此提升我们的智慧。

幸福也是一种能力。所以我们这次活动安排了专门的研训课程，这个课程就是手把手地教我们，如何在教室里、如何在家庭里，去创造幸福，去提高创造幸福的能力。

与此同时，我也特别期待，我们从这里走出去之后，能够把这里的幸福传递给更多的人。

“新孩子”乡村阅读公益行，正是一次追寻幸福的征途，更是一次创造幸福的征途。

按照策划方案，“新孩子”乡村阅读公益行分为两个阶段：

第一阶段，在1年时间内，由童喜喜前往100所乡村学校，开展阅读公益讲座，并向此行所到的每所学校捐赠10万码洋图书。

第二阶段，由童喜喜带领的义工团队为这100所学校提供最短3年的跟踪服务，服务内容包括：

1. 为100所乡村学校的200位教师对接种子教师，进行手拉手互助，共享所有阅读课程资源。

2. 为100所乡村学校的100位校长免费提供每年一次的校长联盟高级研修。

3. 为100所乡村学校的200位教师免费提供每年一次的种子教师研训。

4. 为100所乡村学校派出讲师，开展阅读课等相关主题的培训。

5. 为100所乡村学校免费提供100位作家进校园、100部好书首发式的活动资源，供乡村学校自行选用。

6. 为100所乡村学校提供“新学校”“新校长”“新老师”“新父母”“新孩子”的系列奖项评选活动方案，并给予支持。

7. 在全国各地不定期举办各种专题培训，这些培训活动都将对100所乡村学校免费开放。同时，项目组还特邀了28所学校加入“新孩子”学校联盟，对联盟学校提供同等服务，并将和联盟学校共同为助推乡村阅读的深入开展而努力。在乡村教师、学生、学生父母中持续推动阅读，协助学校发展为当地的乡村文化中心。

第二章

踏上征途

2014年9月1日，一个背包、一个行李箱，一袭白色衣裙，童喜喜轻装简行，5点起床，8点坐火车从北京出发，14点到达焦作——“新孩子”乡村阅读公益行的第一站。焦作当地的活动组织者张硕果老师在车站接到她之后，她们便穿过广场，走到马路边拦出租车……

这就是“新孩子”乡村阅读公益行漫漫征途的第一幕。

现在，就让我们追随童喜喜的脚步，沿路收集一些来自教育工作者、父母、孩子以及义工的所见所感，看看这微微萤火，是如何一路闪亮的吧！

旗开得胜

——行在焦作

焦作，古称山阳、怀州，是华夏民族早期活动的中心区域之一，具有丰厚的人文底蕴。

焦作市新教育办公室负责人张硕果，自2007年践行新教育，默默耕耘，深入城乡各校全心全意全力扶助一线教师，卓有成效！焦作新教育之花花开四野，备受各方认可、支持。

童喜喜不是第一次来焦作，但这次是她在焦作待的时间最长的一次——3天。

3天时间，童喜喜在焦作市马村区工人村小学、修武县第二实验中学、焦作市解放区上白作中心小学、焦作市温县祥云镇村小学，做了4场“新孩子”乡村阅读公益行演讲（周边学校在得到童喜喜的演讲信息后，部分校长和老师代表亦赶来听讲）。这3天，童喜喜还应邀参加焦作市“新教育·新父母公益论坛”，为300余位父母、教师代表，免费进行公益讲座《父母孩子一样大》；参加民进焦作市委、焦作市教育局共同举办的民进焦作市委开明论坛“新教育·新父母”，为城乡一体化区的400余位父母、教师代表免费进行公益讲座。

马村区工人村小学三（1）班的申婉婷将鲜艳的红领巾系在童喜喜的脖子上，表达了少先队员对她的敬仰和喜爱。马卫国校长为童喜喜的到来致欢迎辞，对她悲天悯人的公益情怀表示由衷的钦佩和感谢。

虽说七月流火，但秋老虎尚在发威。烈日下，偌大的操场坐满了学生父母和老师。如何让孩子爱上阅读？这是所有父母特别关注的主题。面对那一张张浸着汗水的脸庞，一双双渴求知识的眼睛，童喜喜感同身受。

童喜喜的演讲，诠释了阅读的重要性，讲述了什么是阅读力和如何提高阅读力，如何以阅读为手段进行轻松、高效的家庭教育，以协助孩子在激烈的社会竞争中找到自己的位置，走上成才、成功、幸福的人生之路。深入浅出的演讲不时赢得父母和老师会心的笑声、掌声。讲座结束后，童喜喜与父母、老师进行了互动，深入探讨如何促进孩子成长，如何轻松、简单、高效地打造家庭、学校教育共同体。

3天，童喜喜所到之处，无不受到热烈欢迎。

童喜喜的讲座具有很强的实用性、可操作性。学生父母反映，童喜喜的讲座犹如及时雨，对于改变家庭教育理念，改善家庭教育方式，创设良好家庭氛围，构建和谐亲子关系具有全新的意义。一位在理工大学食堂工作的学生父亲，听了讲座后意犹未尽，一路跟着童喜喜谈他的感受，谈他受到的启发。

烈日下听讲座

你是我的“老大哥”
——行在诸城

2014年的一天，王元磊照常走进办公室，打开电脑，开始处理手头工作。这时，电脑屏幕上弹出一个收到新邮件的提示，他顺手点开，没想到，这封邮件竟给他带来一个好消息——“新孩子”乡村阅读公益行开始在全国招募了！

王元磊读着这封振奋人心的招募信，兴奋得两眼放光，作为一个新教育一线的元老级人物，作为一位重视阅读的教育工作者，他立刻掂量出了这封信的分量。他平复了一下心情，理了理思绪，拿起手机拨出了号码。很快，电话接通了，当电话那头熟悉的声音传来，王元磊迫不及待地提高嗓音说道：“喜喜你好啊！我是你诸城的老大哥啊！”

王元磊很有把握，只要一说“老大哥”，童喜喜一准就能想起他来，这其中的缘由还得从两年前说起。

王元磊是地地道道的山东人，时任诸城市教育局教科所所长。或许是因为诸城的文化底蕴深厚、书香浸润，王元磊与这里的教育工作者们的血脉中就涌动着对于文化传承的责任与执着。与这份责任、这份执着相对应的，却是应试和升学的压力与提高学生综合素质、提升学生文化涵养之间的现实矛盾。王元磊一直在苦苦思索，他和他所在的教育局以及诸城各所中小学校一直在尝试着从这种矛盾的夹缝中寻求一个出口、一条捷径，直至他们遇到了新教育。

新教育秉持的“过一种幸福完整的教育生活”的理念，让王元磊和他的同事们仿佛找到了知音。这不正是他们的理想吗？于是，诸城市教育局成为较早一批引进新教育理念的单位。他们围绕“促进人民的幸福教育”这一中心，从缔造“完美教室”和创造适合每个学生的教育两方面入手，不断推进书香区域建设。

2013 年，在推行新教育的“书香校园”计划之初，诸城市教育局曾经对全市校长、教师、学生和学生父母做了近3万份阅读问卷调研，发现随着学段的升高，喜欢课外阅读的比率持续降低，小学生喜欢课外阅读的比率最高，初中次之，高中位居最后。并且在同一学段不同学校间的差异十分明显，小学（喜欢阅读率最高的学校与最低的学校间）差异在13.5%；初中差异达到了62.5%。在学生问卷中，对于“列出你读了哪些好书”这一题目，绝大多数学生集中在四大名著上，极少有别的书名出现。一方面是当今阅读资源极为丰富，另一方面是学生阅读面极其狭窄。

现实的巨大反差更激励了诸城市推广阅读的决心。2013年，诸城市在全市各级各类学校中大力推进高效海量阅读工程，制定了系列指导性文件，结合书香校园建设活动，开展了专家引领、百日读书、主题阅读推广等系列活动，进一步营造了全民阅读的良好氛围，使阅读活动开展得有声有色，并取得了良好效果。看到推广阅读带来的成效，诸城市教育局更加坚信这是一条正确的道路，也使他们更加渴望进一步的提升，他们需要更强有力的推手、更大马力的“助燃器”。去哪里找？当然是新教育！诸城市教育局向新教育研究院杜涛主任求助，希望请一位专家到诸城来，与师生进行阅读交流。

童喜喜，就此走进了诸城市，走进了诸城师生与学生父母的教育生活。

2013年6月3日至4日，诸城市“海量阅读推进活动”在龙源学校举行。时任新父母研究所所长的童喜喜为广大教师和学生父母分别做了两场专题讲座。

在诸城的两天时间，童喜喜还到府前街小学、明诚学校、西郊学校、密州路学校等新教育实验校进行了考察指导。

从此，童喜喜与诸城的新教育、与诸城的师生“喜结书缘”。就是从那时起，因为工作的原因，王元磊与童喜喜往来渐多，喜喜开始称呼王元磊为“老大哥”，王元磊当然开心地接受了这个称呼。

有了这样一份渊源，王元磊岂能放过这个大力推动当地教育的机会！于是，他拿出“老大哥”的身份“倚老卖老、当仁不让”地向喜喜提出了邀请和要求，请她为诸城20万师生再作贡献，并在第一时间发出了书面申请。

2014年9月17日，“新孩子”乡村阅读公益行如约来到诸城。让王元磊喜出望外的是，这次喜喜不仅带来了装满两间屋子的价值10万元的童书，还带来了整整一个新教育萤火虫团队——新教育种子计划项目负责人、焦作实验区负责人张硕果，新父母研究所执行所长、北京新教育实验学校副校长蓝玫，新教育榜样教师、焦作市功勋教师赵素香，新教育种子计划项目首席培训师郭明晓。他们分别在诸城市实验小学、文化路小学、明诚学校、科信小学等新教育实验学校，对全市新教育实验骨干教师进行了为期两天的阅读教学指导培训。

童喜喜还到密州路学校深入课堂，进行了口头作文的教学指导；为全市低年级段语文骨干教师和诸城市实验幼儿园500名教师和父母分别做了幼小衔接阅读指导讲座。

2014年9月17日，童喜喜分别在诸城新教育实验区昌城小学、石桥子小学两所学校做了题为《共读共行新孩子》的公益讲座，并现场为学校捐赠了价值10

现场捐赠图书

万元的图书。

讲座之后，童喜喜还对学校阅读活动的开展进行了实地考察指导，分别与两所学校的师生进行了座谈和交流。

在主持这次“新孩子”乡村阅读公益行活动的同时，为使书香校园建设在诸城实验区有更大的推进，2014年9月18日下午，童喜喜还应邀专门为诸城教育局机关全体工作人员以及全市中小学校长等600余名教育骨干做了题为《在共读的心桥上》的公益讲座。

在诸城这两天的时间里，童喜喜马不停蹄地做了4场公益讲座，2000多名骨干教师聆听了报告。

看着瘦弱单薄的童喜喜不辞劳苦、分秒必争地辗转于各个会场，王元磊这个老大哥怎会不心疼？可作为一个资深的教育工作者，他更清楚童喜喜所做报告的价值，更珍惜这个难得的机会，两相权衡，他也只好狠狠心，连吃饭的时间都充分利用上了，真正做到了见缝插针。

于是，在这两天里，出现了很多让王元磊至今想起来既感动又愧疚的场景：

场景一：讲座结束，童喜喜从讲台上刚走下来，就被一群热情的老师和学生父母围了起来。王元磊从人群中奋力钻出来，一脸歉意地冲童喜喜笑着说：

“喜喜啊，辛苦啦！你看这个点了，府前街小学那边还在等着。要不，就去食堂简单吃个便饭？”喜喜看了看时间，一边向外走，一边说：“谢谢，老大哥您就别客气了，就给个盒饭我带上，边吃边走。到了学校，我的饭也吃完了，一点儿不耽误时间！”

场景二：童喜喜刚做完一场报告，拿起一瓶水，还没拧开盖，激动的学生父母们就呼啦一下围了上来，有急于表达赞许和敬仰的，有提出心中困惑的，还有想交流自己教育孩子的经验的……大家争先恐后，你一言我一语，生怕错失了这个与喜喜零距离交流的宝贵时机。在童喜喜耐心回应和解答后，人潮渐渐退去，这时，一位静候一旁多时的妈妈走到她面前，一边紧紧握着她的手，一边恳切地说：“喜喜老师，您的演讲太精彩了！真是让我茅塞顿开啊！我有个不情之请，想请喜喜老师中午一起吃个便饭，我还有太多问题想向您请教，请您无论如何给我这个机会！”

场景三：一天的演讲与交流结束，不出所料，又比预计的时间延长了一个多小时，早已过了吃晚饭的时间。王元磊领着两位种子教师来到童喜喜面前，不用说，一顿晚饭又变成了童喜喜和种子教师的“交流会”。

……

为期两天的诸城之行结束了。目送着童喜喜拖着大大的行李箱转身奔赴下一站时，王元磊突然觉得相比自己而言，个头小小的童喜喜更像是一位“老大哥”，一位精神上的老大哥。是童喜喜让王元磊相信，一个人的力量可以带动全城阅读。因为，她是在用生命做这件事。

为学生签名

“花婆婆”的种子

——行在奎屯

2014年9月26日晚，快9点了，奎屯才刚刚作别夕阳，夜色像宣纸上缓缓晕开的水墨，渐渐渗入这个西北小城。张遵香一会儿看看手机，一会儿看看窗外，尽管心里清楚时间尚早，可她还是坐不住，干脆走出了房门，向大路上走去。今天，她就要见到童喜喜了！为了这一天的到来，她已经兴奋好几天了。

张遵香是当地的一名新教育种子教师。几天前，张遵香刚刚参加完全市教师资格考试，走在回学校的路上，她的手机响了，电话那头的童喜喜告诉她“新孩子”乡村阅读公益行启动的消息，问远在新疆奎屯的她，是否有适合的学校可推荐。张遵香挂断电话后，抑制不住内心的惊喜，几乎是一路跑着回到了学校。经过一番斟酌和协商后，奎屯市第三小学最后被确定为这次活动的承办学校。

不知道等了多久，张遵香远远看到一个瘦小的身影向她走来。尽管从未谋面，张遵香还是一眼就认出了童喜喜。她的心，已经百米冲刺地奔向喜喜，她希望自己能够搂住喜喜的肩膀，大声喊着："喜喜！你是喜喜！我就知道是你！"但是，羞涩的她，却只是呆呆地站在原地，一直没有挪动脚步。直到喜喜走到面前，她才说："我是随心（张遵香的网名）啊。"神交已久的两人笑眯眯地拥抱着，就像两个久别重逢的亲人。

第二天上午，奎屯市第三小学全体教师、各个班级的学生代表和父母代表，还有从别的城市专程赶来的父母们，将奎屯市高级中学的大礼堂挤得水泄不通。张遵香坐在听众中间，和他们一起静静期待着童喜喜的讲座。10点整，童喜喜着一身棉布白裙，面带微笑，沉着自信地走上主席台。就在这时，张遵香听到身旁一个小男孩悄声惊叹道："哇！她好像仙女哦！"张遵香乐了，摸了摸小男孩的头。这个小男孩叫小宇，是个自来熟，看到张遵香这么亲切，可来了劲，不停地给张遵香讲他读过的童喜喜的书，还向她展示他带来的童喜喜的新书——《新教育的一年级》。看着小宇因为兴奋而涨红的笑脸、闪光的双眼，张遵香心想，在这些孩子的心中，童喜喜可不就是仙女吗?！为他们带来爱与智慧的仙女啊！

正想着，礼堂里响起一阵欢呼声和掌声，原来是喜喜郑重地宣布了向奎屯市第三小学捐赠价值10万元图书的消息。张遵香转头看向第三小学的王坚校长，王校长正在一边鼓掌一边咧着嘴笑。作为一个重视并关心师生阅读的校长，这个消息无疑是最让她开心的了！

座无虚席的礼堂，一直回荡着喜喜平和而坚定的声音。听众有的拿手机不停拍摄大屏幕展示的幻灯片，有的埋头奋笔疾书，认真记录喜喜讲的重点。听众席上不时传来会心的笑声、感佩的赞叹声，当然还

奋笔疾书记笔记

有情不自禁的掌声和欢呼声。

讲座结束后，王坚校长上前拥抱喜喜，心中的感慨实在无法表述，竟然笑得泪流满面。学生父母们则要求和喜喜合影，有的学生父母还带来了喜喜的书，让喜喜签名。

张遵香发现身旁的小宇正挤在人群里急得直叫唤。她赶紧把他送上台，推到喜喜面前。喜喜不但给他带来的书签名，还搂着他拍照。于是，小宇再次展现他“自来熟”的特长，围着喜喜说个不停，俨然成了喜喜的新朋友了！而后，小宇连蹦带跳地走下台，得意地向小伙伴炫耀：“看，这是童喜喜老师给我签名的书！”

看着小宇可爱的笑脸，张遵香也笑了。她相信，因为童喜喜的到来，今后的奎屯小城，会涌现出更多像小宇一样从阅读中找到幸福的孩子。

讲座结束了，站着讲了两个小时的童喜喜又一刻不停地赶往奎屯市第三小学。

参观完第三小学历年来的新教育成果展，喜喜又给在座的教师和父母做了一个简短的关于新教育的讲座，为大家播放了讲述新教育历程的视频资料，让大家更加了解新教育的理念、发展和前景。作为一名新教育的种子教师，张遵香看到视频时，难掩自己的激动之情，因为投身到这个“创造幸福的教育生活”的事业中，她找到了自己的价值，也为自己创造了幸福的教育生活。

讲座之余，喜喜还鼓励老师们将自己的教育成果写出来，她愿意帮助老师们结集出书。只要老师们致力于教育事业，她都愿意出手相助，让老师们的人生也变得更加美好。听到这里，老师们开心地笑了。作为一线教师，这件事是何其艰难，老师们都有体会，现在终于有人无偿相助，怎能不高兴？

短暂的休息之后，喜喜又开始面对全市的校长做讲座。整整一天时间，童喜喜辗转三个地方，面对不同人群，做了三场讲座，其间还不停有热情的父母、老师来找她咨询和探讨，她都耐心地给予解答和回应。张遵香看着喜喜始终兴致勃勃、热情饱满，仿佛从来就不知疲倦，她真是又心疼又佩服。要知道，喜喜头天连夜从伊宁县赶来，还一直工作至凌晨才休息啊！

不知怎的，张遵香突然想到著名绘本《花婆婆》中那位四处播撒花种的花婆婆。是的，童喜喜就是“花婆婆”，她一路走来，一路播种，如今，她又将美好的种子带到了奎屯。张遵香抬头看向远方，她听见心中有个声音在不断重复着《花婆婆》中的那句话：“做一件让世界变得更美丽的事！”

“她让我显得庸俗”
——行在任丘

2014年11月1日清晨，大雾。河北省任丘市出岸学区中心校副校长李俊岭把车停到高速公路入口，看着眼前白茫茫的一片，着急坏了。他是新教育的义工，这天说好了要去石家庄接童喜喜来任丘进行“新孩子”乡村阅读公益行活动，可大雾迟迟不散，高速公路被封，禁止通行。眼看着已经到10点钟了，李俊岭和同事最终放弃高速公路，走普通公路出发了。本来两个小时的车程，用了4个多小时，总算接到了童喜喜。喜喜看上去非常疲惫，很快就躺在后排座位上睡着了。过了一会儿，喜喜醒来，也顾不上看一眼窗外的北国风光，佝着背，开始在笔记本上处理文件。李俊岭不敢打扰，只默默地开着车，心中不禁回想起往事。

其实，这并不是李俊岭第一次见童喜喜了。

早在2010年石家庄新教育年会上，李俊岭就认识了童喜喜。童喜喜的特立独行、风趣幽默给李俊岭留下了深刻的印象。2011年暑假，无锡扬名小学的一线教师研修班上，李俊岭第二次见到童喜喜。这次是第三次见。三见童喜喜，让李俊岭对童喜喜一次又一次地有着更深层次的认识。

和前两次相比，这次会面却有着不同寻常的意义。李俊岭在网上看到"'新孩子'乡村阅读公益行招募信"，激动不已。这样的公益行不正是他和他的同事们梦寐以求的吗？

先说书。学校缺书，缺新书。若论藏书量，学校的图书室里并不算少，可大多数书籍都已经或者正在被时代淘汰。日益老旧的图书已经无法满足如今学生们的阅读需求。可想而知，10万码洋的图书对于学校而言是多么巨大的一笔财富！

再说人。学校缺人，缺少懂得读书的人。为什么读书？读什么书？怎样读书？如何通过读书使教育生活变得幸福？这些问题看似简单，但真正能给予明晰准确答复的人并不多。从这个意义上看，童喜喜的到来，对于这些对教育存有困惑的老师、父母、孩子，无疑是雪中送炭！

但是，这样好的活动，轮得到自己吗？申请能够通过吗？甚至，通过之后真的是所描述的活动吗？李俊岭对那些对“新孩子”乡村阅读公益行活动提出质疑的声音表示理解，但不为所动，毫不犹疑地提交了活动申请。

如今，童喜喜终于来了。

此时，大雾渐渐散去，阳光透过车窗洒了进来，李俊岭收回思绪，加了一脚油，汽车向着任丘欢快地飞奔起来。

童喜喜总算安全抵达任丘，住进任丘宾馆一个100多元的标准间。当李俊岭要尽地主之谊付房费的时候，喜喜说不用，由项目组负担。李俊岭问，吃饭呢？她说自己来。这让李俊岭感叹不已。后来，李俊岭偕妻子芦笛及儿子，又约请了北一小学许志国校长、准备做新教育种子教师的刘娜，再三邀请童喜喜，童喜喜感到盛情难却，这才接受了李俊岭一顿饭的地主之谊。饭后，童喜喜毫不客气地把李俊岭一行“撵”走了。李俊岭觉得，一切的繁文缛节在喜喜面前都显得庸俗。

第二天，一切按计划有条不紊地进行。

童喜喜的演讲被安排在了室外。11月的任丘已经很冷，寒风中，身着一件白色羽绒服的喜喜显得更加瘦小柔弱。然而，待她一登台，拿起麦克风开始演讲，周身就散发出强大的气场，温暖坚定，让台下的听众只想靠近她、再靠近她。李俊岭默默无言地坐在台下，看着台上的喜喜时而诙谐、时而严肃、时而低

寒风微雨中演讲

沉、时而激昂地演讲，又转头看看周围的听众，他们时而频频点头，时而低头疾书，时而皱眉沉思，时而会心微笑。此时，李俊岭觉得，且不论喜喜的演讲将带来多大的指导作用、实践价值，仅仅只是因为她站在这里，她在坚持做这件事本身，就足以感染和激励所有人。

演讲与交流结束后，是午餐时间。喜喜几乎没怎么吃，而是忙着整理记录。

喜喜就要离开任丘了，李俊岭问她："什么时候能够再见?"童喜喜却说："你要先想想以后这个阅读怎么做。"这就是童喜喜，她的脚踏实地，总让李俊岭感到自己的渺小和庸俗。他意识到，阅读的推动最需要的不是轰轰烈烈的场面，也不是口吐莲花的言说，而是务实的态度、扎实的工作。

李俊岭和妻子芦笛送走喜喜后，在回家的路上，芦笛激动地说："过了年，我就去农村。我想像喜喜那样，虽然我的能力远不及她，可我愿意去努力，用自己的力量去改变哪怕一个学校的阅读！"事实上，作为一名萤火虫义工，芦笛多年来一直致力于城市校园的阅读推广。看着妻子一脸坚毅的表情，李俊岭既感动又骄傲。萤火之光，是多么微小又多么明亮！

靠近你，温暖我

——行在安庆

安徽省安庆市是一座历史文化名城，文化底蕴深厚。十里中心学校位于安庆城乡接合部，是一所离城区最近的乡村中心学校，虽然地区经济不够发达，但深受桐城文化及皖文化的浸润、影响。这里的人们对于读书有着一种最朴素的执念：走出山村靠读书，改变命运还是靠读书。因此，对一个孩童来说，教师的影响力真的太大了。正是出于这样的思考，徐诗鹏一直想“做一个让学生喜爱的老师”。

如何让学生喜爱自己？徐诗鹏明白，首先得让学生喜爱学习，明白学习是个人的事，并且是一件快乐的事。

可是，当徐诗鹏赴任十里中心学校校长后，眼前的状况实在不容乐观。这所处于城乡接合部的学校的学生，精神状态不佳，学习习惯、卫生习惯、读书习惯不好，学习对他们来说不是快乐的，而是痛苦的，尤其是一些后进生、三残儿童被冷落被隔离；教师的课堂以讲授为主，作业量大，学习效果又不明显，重教学而忽视习惯的养成，重分数而忽视立德树人，现状堪忧。

如何改变现状？徐诗鹏一边学习一边外出观摩，不断收集各种信息，不断与学校现实进行对比分析，心中的迷茫却仍旧无法消散。

在没接触到新教育之前，他一直认为教育是潜移默化的，就像春雨“随风潜入夜，润物细无声”，教师应当是学生的引导者和楷模，课堂应当是学生学习潜力自主放飞的天地，学校应当是学生梦想成真的地方。教师应当是笑容满面、语言风趣、心态阳光，工作是美丽的幸福的；学生应当是无拘无束、天真烂漫、天性得到发展，学习起来相当快乐；学校应当是丰富多彩、书香浓郁、生发情趣之地，人、景、物和谐共存共生，努力追求“真水无香、倾听天籁”的办学环境，致力于“博采众长、开放发展”的办学思想和“教育就是要让孩子幸福”的价值追求。

所以，当徐诗鹏第一次在网络上了解到新教育，看到新教育的宗旨“过一种幸福完整的教育生活”时，立刻产生了强烈的共鸣。是的，幸福，这不正是他内心所追求的教育价值吗？从那时起，徐诗鹏被新教育深深吸引，他开始认真关注起了新教育。

新教育发起人朱永新教授在提出“营造书香校园”的教育行动时说过，一个人的精神发育史就是一个人的阅读史，一个民族的精神境界在很大程度上取决于全民族的阅读水平。徐诗鹏十分认同这个理念，他深深地知道，影响一个人，改变一种习惯，有多难。任何说教都毫无意义，唯有借助阅读的力量！他希望用书籍来影响学生，改变学生，希望学生在阅读的过程中能够开阔眼界，陶冶情操，净化心灵，丰富他们的精神世界。

在徐诗鹏的学校里，早就开始了书香校园建设，目的在于大力倡导读书风气，探索校园文化建设新路，希望借此进一步深化课程改革和推进素质教育，让每位教师更新理念，提高理论素养和教学能力；让每位学生养成热爱读书的习惯，享受文化的滋养；让校园健康向上，富有生命活力，从而形成“教师具有书生气，学生具有书卷气，校园具有书香气”的文化氛围。

随着这些年来对新教育的持续关注，徐诗鹏越来越渴望靠近新教育，可与这种日渐强烈的渴望相对的却是一种距离感。他一直都觉得，像他们这样的普通乡村学校，距离新教育实验，很远很远。

2014年暑假，徐诗鹏从互联网上看到童喜喜发起的“新孩子”乡村阅读公益行活动招募通知，那一刻，他怦然心动。他仿佛找到了一条路，一条通往他心之所向的路；他仿佛看到了一道光，一道照亮他希望的光。“苦苦求索，追根溯源，我们最终发现一个奥妙——阅读是教育底色，是智识根基，是教与学的根本。”这不正是他和教师们想要的吗？这不就是改变他们乡村学校所要的吗？

徐诗鹏立即召集学校相关人员按要求填写申请表，并根据招募通知上留下的联系方式，与项目组联络人冷清秋老师交流，希望能得到帮助。

这年夏季，炎热和阴雨频繁交替，本就恼人的气候，在焦灼的等待中更加让人烦躁不安。这样坏的情绪直到徐诗鹏接到电话的那一刻，才彻底消散。他像小孩一样，跳着喊着告诉大家，我们被选上了！

2014年11月28日，这是一个令徐诗鹏和十里中心学校教育人无法忘记的日子。连日来的阴雨天气也终于在这一天放晴。一大早，徐诗鹏和他的同事就驱车赶到了合肥新桥机场。望着熙熙攘攘的人群，徐诗鹏按捺不住激动的心情。因为，他即将见到来学校进行“新孩子”乡村阅读公益行讲座的童喜喜老师。事实上，直到那一刻，他和同事也仍然不敢相信，作为一座不发达地区的小城市，一所普通的乡镇学校，童喜喜真的能来吗？

“看，那是她吗？”同事的话打断了徐诗鹏的思绪……

抬眼望去,一位瘦弱的身着白色羽绒服的女子拖着行李箱在人群中踽踽而行。

近了，近了，她走近了。

她抱歉地解释，刚刚身体突然不适，耽误了时间。

看着她苍白的脸，无法掩饰的倦容，徐诗鹏心里顿觉愧疚与不安。

汽车向着安庆，向着乡村，向着十里中心学校驶去。原想童喜喜可以在车上短暂休息，可是，她并没有休息。一上车，童喜喜从随身背的包里取出热水袋，轻轻地抵在腰上，便拿出手机开始有条不紊地工作。她那么专注，以至于徐诗鹏一路都保持沉默，不忍打扰。

1点30分左右，童喜喜到达了会场。学校的老师们已在此等候了。备好的盒饭已经凉了。

“不好意思，我去重新买吧！”

“谢谢，不用了，时间来不及了。这样可以的！”善解人意的童喜喜微笑着，平和地说。

匆匆吃了盒饭，她稍做准备，下午2点，讲座准时开始！

几百人的乡政府大礼堂座无虚席，教育局领导、学生父母、老师、学生和媒体记者济济一堂，热切地期盼着。

徐校长大步走上主席台，代表十里中心学校教育人感谢“新孩子”乡村阅读公益行活动，感谢他们为乡村教育带来希望的曙光。随后，徐诗鹏向大家隆重介绍童喜喜：一位可亲可敬的教育追梦人，爱心公益人！

台下，掌声雷动。

童喜喜微笑着站了起来，代表“新孩子”乡村阅读公益行主办方为孩子们捐赠价值10万元的图书。

纯真的孩子们按捺不住激动的心情，欢呼起来！

一位少先队员代表奔向舞台，为喜喜戴上了鲜艳的红领巾，表达孩子们心里最诚挚的敬意！

互动、交流、合影……

她，灿若夏花，笑眯眯地走进孩子们中间，与孩子们一起谈笑、合影。

童喜喜走进孩子们中间

偌大的会场，回荡着喜喜温和但充满力量的声音——她的专题讲座《共读共行新孩子》开始了。

喜喜讲述了自己的成长故事，徐诗鹏身旁的一位教师的眼睛湿润了。她自言自语地轻声说："只要有梦想，人生还有什么困难不能克服呢?"

徐诗鹏笑了，他说："那就做孩子人生的点灯人吧!"

教师用力地点点头。

喜喜精彩的讲座还在继续。她自编的阅读指南顺口溜，简单、俏皮、幽默，令人深思，给人启发；她自创的"口头作文法"，更是为在座的语文教师的阅读与写作教学打开了新思路。一种温暖，一种感动在大礼堂氤氲着、蔓延着……

一场讲座，完全脱稿，全程站立，没有中场休息，瘦削的喜喜竟蕴藏着如此强大的能量！

“喜喜老师，我该给孩子选择什么样的童书？”“喜喜老师，学生的阅读面比较窄，我该怎样引导呢？”座谈会上，父母、老师热情高涨，他们的问题各式各样，让人应接不暇。

认真的喜喜没有丝毫懈怠，用心倾听，耐心答疑解惑。

交流

此时，下一站学校的代表已经来了，他们喃喃自语：“有8个多小时的路程，看来，到我们那儿，得是凌晨了……”

为喜喜身体考虑，为了路上的安全，教务主任忍痛叫停。父母、老师都意犹未尽，难舍难分。父母由衷地感慨：“喜喜老师给我们送来了一份精神大餐，这样充实的阅读讲座真是让人受益匪浅！”

“喜喜老师让我懂得了什么是纯粹，让我知道了该如何做个好老师，她让我找到了自身存在的价值！”去年刚刚工作的小吴老师目光炯炯，语气坚定。

《安庆日报》资深记者凌浩主任全程参与此次活动，他给出这样8个字：“温暖、贴心、实在、有用。”

欢乐的相聚时光总是过得飞快。

喜喜微笑着向师生们挥手告别，坐上了驶向下一站的汽车。

徐诗鹏送走喜喜回到办公室，依旧沉浸在一种温暖与感动的情绪中，突然有了一种想写点什么的冲动。于是，他打开电脑，略一思忖，写下了这样一首诗：

靠近你，温暖我

你向我们走来
风铃草一样亮晶晶的眼神

木槿花一样温柔的坚持
靠近你
倾听　深思　沉醉
感动　温暖　震撼
我们湿热的脉搏
升起一个无法抑制的冲动
我们愿勇敢地
以并不宽阔的肩膀和
一颗广袤的大地培植出来的忠实的心
为孩子们撑起
一片蔚蓝的晴空

因她而改变

——行在西藏

“丁零零……”清脆的上课铃声在西藏林芝广东实验学校里响起，语文老师吴雪梅踏着铃声轻快地走进教室。孩子们早已坐在座位上，充满期待地看着她。胆大的多吉脆生生地喊了一声：“老师，现在可以开始‘书本漂流’了吧?!”吴雪梅不禁笑了起来，其他的孩子受到感染，也开心地笑了，气氛顿时活跃起来。所谓“书本漂流”是阅读课的别称，由学生们自由分享他们的读书故事。“我来说！我看了一个特别棒的故事……”“我昨天读了《小王子》，好感动……”“有个问题我一直没想明白……”孩子们热烈而有序地轮流发言，大家分享着，讨论着。吴雪梅认真地听着，偶尔在孩子们需要的时候才做一下回答和点评。看着孩子们因为兴奋而涨红的小脸，吴雪梅欣慰地笑了。孩子们的变化太大了，调皮捣蛋、打架闹事的事情几乎绝迹了，教室里呈现最多的场景就是孩子们静静地读书、听讲，或者三三两两聚在一起讨论读书。书香，真的在这所藏区小学弥漫开了。

同样巨大的变化也在吴雪梅的家中悄然发生。这不，吴雪梅买菜回家系上围裙准备晚餐，女儿就亲热地跑过来，跟在她身后，一边帮忙择菜，一边跟她讲着学校里有趣的事。要在从前，女儿这会儿肯定在房间里闷头不出，坐等开饭。到了晚间，女儿做完家庭作业，不再是万般不情愿地做习题集，而是主动跑到房间的小书架上拿出一本书，拉着妈妈开始她们最爱的共读时间。这天，女儿选的是《神奇校车之海底探险》，美丽鲜艳的珊瑚、半透明的水母、硕大的鲸鲨……吸引着母女探索神奇的海底世界。不知过了多久，吴雪梅抬起头来，视线投向那个朴素的小书架，女儿的房间因为有了它而书香氤氲。

从学校到家里，从学生到女儿，都在不知不觉中改变着，这一切都是从那天开始的。时隔一年，吴雪梅依然清晰地记得那一天、那个人。

2015年5月6日，是“新孩子”乡村阅读公益行抵达林芝广东实验学校的日子——著名作家童喜喜带着她的公益讲座和10万码洋图书如约而至。孩子们沸腾了，校长和老师们也沸腾了："从来没想到会有著名作家来到我们的学校，从来没想到我们这个山沟沟里的学校会得到这么多图书。"吴雪梅在沸腾的人群中，目光始终追随着那个女孩。是的，喜喜给她的第一印象就像一个友善的邻家女孩，瘦小身材，休闲装、旅游鞋，头发随意地在脑后挽起，笑容谦和，普通话流利，让人感觉那么舒服自然。

经过短暂的休整，下午2点，童喜喜的公益讲座准时开讲。

认真听讲座

童喜喜强调，除了要给孩子一个好的读书环境，和孩子一起“共读”也是件幸福的事。这也恰恰是许多父母在家庭教育中最为忽略的部分。每一个孩子眼里都有一个奇妙的世界，他们拥有一双自己的翅膀，父母往往以为他们什么想法都没有，什么都不会，便以自己的方式给孩子“制造”一双自己认为适合他们的翅膀，企图让他们飞得更高更远。其实，这无异于给一个本身就四肢健全的人装上了假肢。试问一下，这样的四肢，其协调性怎么可能比得上与生俱来的呢？作为父母，为什么不扶持、呵护孩子生就的一双翅膀，却让她拄着破拐杖踽踽而行呢？家，本应该是一个温馨而安全的港湾，是孩子赖以成长的第一现场，万万不可让彷徨或者武断折断孩子并未丰满的羽翼！

听到这儿，吴雪梅不由自主地往女儿的方向望去，女儿那双水灵灵的眼睛正望着童喜喜。吴雪梅想，她此刻应该是觉得自己找到知音了吧？我，作为一名老师，明知不妥，但面临激烈的竞争，还是一味地要求女儿复习复习、做题做题，却从未考虑过女儿的感受。想到这里，吴雪梅陷入深深的自责，她好想过去抱着女儿说：“妈妈要给你置办一个书架，上面摆满你想要看的书。妈妈每天都陪你一起看书，我们一起成长……”

当天下午5点30分，活动圆满结束，童喜喜连饭都顾不上吃，就坐上学校从村子里借的农用车匆匆赶赴下一所学校。

童喜喜的身影在颠簸的农用车厢里跳动着，也在吴雪梅的记忆中跳跃着。喜喜的身后，一切都在悄然改变……

最后一站

——行在阿克苏

2015年5月，春光明媚，鲜花灿烂，阿克苏迎来了它最美的季节，也迎来了童喜喜和她的“新孩子”乡村阅读公益行。

5月20日，新疆维吾尔自治区生产建设兵团农业建设第十二师养禽场子女学校的阶梯教室里，一个白衣女子站在教室前面的主席台上流利地进行演讲，300多名学生父母和教师正在屏息静听。这是童喜喜正在给这次活动的第100所学校做《共读共行》的公益讲座。

事实上，父母们匆忙赶来之前，有些人除了对“著名作家”有些好奇以外，并未对讲座抱有太大期望。然而，一场讲座下来，父母们无不被喜喜折服，和之前出现的场景一样，喜喜的身旁又围满了人。

六年级曹雪儿的母亲代雪伟对童喜喜说："听了你的讲座，才知道自己以前忽略了读课外书的重要性。怎样引领孩子多读书，读好书，我有方法了，真是不虚此行。"

一位中年大姐拉着喜喜的手郑重地表态："姑娘，以后无论再怎么忙，我们也要抽出时间陪孩子阅读。我们没有多高的文化水平，陪在孩子身边让孩子安心读书就好。"

一位三年级学生的妈妈激动地说："因为平时家里活比较多，在陪孩子共同读书方面，我们基本上没做到。我们只关注了孩子的健康和成绩。童老师的讲座让我认识到了不足。在今后对孩子的教育中，我一定尊重孩子，尊重孩子的思考、想法。如果条件允许，我会为孩子提供一个好的阅读环境，多为他买几本书，让他成为一个爱阅读的孩子！"

五年级语文老师白顺感慨地说："有兴趣地读书是最好的获得信息的方式，发现书中的乐趣，自己读起来就轻松、愉快，这样孩子就喜欢读书了。参加'新孩子'乡村阅读公益行活动，听了童喜喜的精彩演讲，真是受益匪浅。趁这个机会，我们师生将共同努力营造浓郁的书香氛围，开展多种多样的阅读活动，带领学生做好课外阅读，开阔学生的眼界，提高学生的学习能力，丰富学生的人文素养和精神世界。培养学生良好的读书习惯，这将会是孩子终身受益的宝贵财富！”

孩子们围着童喜喜叽叽喳喳像鸟儿一样快乐，他们纯真的童心里种下了阅读的种子，留下了可亲可爱可敬的大姐姐童喜喜的身影。多年后，当他们长大了，一定还会记得曾经有一位可爱的作家姐姐来到他们身边，告诉他们阅读是一件多么有趣的事情。

互动（摄影：薛晓哲）

校长抑制不住内心的激动说，童喜喜来到新疆、来到阿克苏，是新疆孩子的福气，也是我们全校师生的幸运……这位平时稳重儒雅的校长，看见孩子们给童喜喜戴上红领巾、喜喜蹲下身和孩子们自拍合影时，情不自禁地流下了眼泪。他知道，今天的演讲是“新孩子”乡村阅读公益行活动的最后一站、最后一所学校，这让他感到这次活动对于养禽场子女学校而言，更多了一份非同寻常的意义。

走出学校，童喜喜深深地吸了一口空气中花的香气。200多个日日夜夜、152085公里的路途的艰辛，都化作孩子们天真可爱的笑容，汇成花海，在童喜喜的心中绽放。

任重道远。童喜喜知道，走完100所乡村学校，只是“新孩子”乡村阅读公益行活动完成的第一步，在接下来的时间里，她将带领团队为这100所学校提供3年的跟踪服务，从不同层面持续推动阅读。童喜喜和团队的脚步仍未停歇。

躬履艰难而节乃见

根据“新孩子”乡村阅读公益行活动计划，童喜喜要在一年里走遍选定的100所乡村学校，为父母们、师生们做讲座，说是一年，实际上可用的有效时间只有8个多月。寒假1个月、暑假两个月学校放假不能进行演讲，节假日学生放假不能演讲，下雨、下雪天不能让孩子们到操场上，也不能演讲，这样算下来就只有200多天时间了。也就是说，童喜喜平均两天就要到达一所学校完成演讲和活动。新疆、西藏、宁夏、东北等地，进入11月气温将逐渐下降到零下几十摄氏度，冰天雪地交通会非常不方便。更别说，“新孩子”乡村阅读公益行活动选择的100所乡村学校都在偏远的乡村，有些地方别说飞机、火车，就连客车都不能直达。很多时候，童喜喜下火车之后需要转乘公交车，再转农用车一路颠簸才能到达学校，路途的艰辛可想而知。

可也正是因为这些学校的艰苦，才更令童喜喜挂心。当她读到这些学校校长、老师填写的申请表和恳切的来信时，她一刻都不想耽误，只想以最快的速度到达孩子们身边。

那段时间，关于童喜喜在路上的画面常常是这样的：山路上，她穿着一身白衣或者白裙或者白羽绒服，一个人拖着重重的行李箱、带着宣传资料，迎着烈日或者寒风，孤独而坚定地前行。2014年下半年，她的腰伤严重；2015年开始，由于长期的劳累导致免疫力下降，胃炎、感冒、腹泻、咳嗽、咽炎、支气管炎……为了如期完成计划，她经常一天做两场活动、演讲5个小时，赶3座城市，也经常乘车10几个小时到达一个乡村，日夜兼程。

这种种艰辛，童喜喜又是如何克服的呢？

身体弱，她就从公益行开始一路猛吃猛喝，尽可能多地储存能量以迎接高强度的工作。尽管如此，她始终没有胖起来。

时间紧，她就尽量减少休息时间，每天的睡眠时间不足5个小时。即使在火车上、公路上，她也开着电脑分秒必争地工作。

在陕西，3天辗转4所学校，胃病发作，她强忍着准时上台；腰伤复发，以至于要趴在墙上作壁虎状来缓解疼痛，她坚持在颠簸的山路上奔波；晕车了，她窝在车后座开着电脑继续工作。

在西藏，去之前恰好她感冒了，但时间已经确定，在一所学校耽搁时间将会影响到后面的行程，于是她还是如约抵达西藏的学校。

在农村，小车走不了了，就坐农用车来往于崎岖的山路。

在路上，腰疼了，就拿热水袋垫在身后……

调侃自己，似乎也成了童喜喜克服困难的一大法宝：

“刚才发现‘新孩子’乡村阅读公益行的第一大后果：我胳膊的颜色，明显分成了黑白两截。因为这些乡村学校的讲座，基本在室外。虽早在预料之中，可还是……”

“刚才吃晚饭时突发奇想，从不吃辣椒的我吃了半袋辣椒。现在，头就不痛啦！”

……

古罗马哲学家塞内加有句名言：“通往星星的道路是艰难的。”唯其艰难，更彰显其强大。知难而上，挺身而出，乐观从容，举重若轻，这就是童喜喜的强大，而支撑这种强大的，是一份坚守、一种责任、一个信念和一腔热爱！

躬履艰难而节乃见——愈黑暗愈明亮，这就是童喜喜这只不知疲倦的“萤火虫”的大节之所在。

从童喜喜只身走遍100所乡村学校，播下阅读的种子，到团队倾力合作，悉心浇灌，“新孩子”乡村阅读公益行顺利进入第二阶段的第二年，一朵朵教育新花已悄然怒放，静待硕果结满枝头。

第三章　情暖征途

“新孩子”乡村阅读公益行是一座桥，架在现在和未来之间，架在理想和现实之间，沟通了校长、教师、父母和孩子。也正是在这样的沟通交流中，新教育默默改善着整个乡村乃至城市的教育环境，让更多的孩子认识广阔而美好的世界，重拾梦想，勇敢前行。

2015年6月6日，是一个特别的日子——“新孩子”乡村阅读公益行校长研修班开班，这也标志着“新孩子”乡村阅读公益行第二阶段“萤火虫阅读指导服务”正式启动。

启动仪式主持人、新教育新父母研究所副所长张硕果，眼含热泪地宣布第一期校长研修班开班：“今天的培训对于我们来说不是一次普通意义上的培训，而是关于一个梦想的追寻和实现、关于一群人的汇聚和点燃……”

台下此时正坐着一群为推动新教育阅读公益活动前行倾注心血的人：全国政协常委、副秘书长，民进中央副主席，新教育实验发起人朱永新先生；新教育基金会理事长、新教育研究院名誉院长、翔宇教育集团总校长卢志文先生；《读写月报·新教育》执行主编、著名教育媒体人李玉龙先生；对“新孩子”乡村阅读公益行活动给予了大力支持的二十一世纪出版社集团总编辑王军先生；二十一世纪出版社集团副社长林云女士；《小学生报》主编李军先生；超级集团刘澴河女士；从全国各地赶来的一线教育人……

他们满怀激情，汇聚一堂，是对“新孩子”乡村阅读公益行这一活动最直接的支持，是他们对改变乡村阅读现状、促进乡村教育以及乡村文化更好发展的坚定信念的体现。

“大家在无数的日子里扎根田野，孤灯实践，一边仰望星空，一边追寻理想。所以，无论大家来自哪里，姓甚名谁，是你们决定了教育真正的品质。”在张硕果动情的讲述后，新父母研究所副所长蓝玫朗诵、童喜喜改编的诗歌《致教育人，相信未来》随着音乐缓缓响起：

当蜘蛛网无情地查封了我的炉台
当灰烬的余烟叹息着教育的现状
我依然固执地铺平失望的灰烬
用美丽的粉笔写下：相信未来

当我的紫葡萄化为深秋的露水
当我的鲜花依偎在别人的情怀
我依然固执地用凝霜的枯藤
在冰冷的黑板上写下：相信未来

我要用手指那涌向天边的排浪
我要用手掌那托住太阳的大海
摇曳着曙光那支温暖漂亮的笔杆
用孩子的笔体写下：相信未来

我之所以坚定地相信未来
是我相信未来人们的眼睛
她有拨开历史风尘的睫毛
她有看透岁月篇章的瞳孔

不管人们对于我们腐烂的皮肉
那些迷途的惆怅、失败的苦痛
是寄予感动的热泪、深切的同情
还是给以轻蔑的微笑、辛辣的嘲讽

我坚信人们对于我们的脊骨
那无数次的探索、迷途、失败和成功
一定会给予热情、客观、公正的评定
我行动着，但并不为了他们的评定

亲爱的老师们，坚定地相信未来吧

相信不屈不挠的努力
相信战胜死亡的年轻
相信未来、热爱生命

亲爱的校长们，坚定地相信未来吧
相信幸福完整的教育
相信光明属于黑色的眼睛
相信自己、相信未来

不同的人，有着不同的眼睛，从不同的角度，对“新孩子”乡村阅读公益行有着不同的解读。与其说他们深情地讲述自己与“新孩子”乡村阅读公益行的故事，不如说他们讲述的是自己心灵深处不灭的火光。

“总有一批孩子被点燃”

——同心者说“新孩子”

张勇，中国教育学会中小学教育质量综合评价改革实验区办公室副主任，中国教育学会教育评价师认证中心、教育咨询师认证中心副主任，公众教育研究院、公众考试研究院院长。

张勇认为，“新孩子”乡村阅读公益行最大的意义在丁它给乡村孩子带来了希望，点燃了乡村孩子的梦想，同时对推动乡村教育起到了巨大的作用。

她把最好的教育资源带给乡村孩子

乡村学校，既是一个社会体，又是一个文化体，也是一个教育体。中国的乡村学校从社会、文化、教育三个方面来说，都处于中国最底层，资源非常匮乏，接触面非常窄，他们所处的社会基本是封闭的、相对比较落后的乡土社会。从文化上来说，乡村文化离现代文明比较遥远，教育资源有限，因为乡村学校所教授的课程，包括教育的见识面、信息量都非常有限。我在农村读过书，对此我有深刻的感受。

这些年来，我们做教育评价，也走进了许多农村学校，我用一句话来形容目前一些乡村的生活：充满了寂静和寂寞，离现代生活、现代文明非常遥远。有些孩子，18岁才走到县城、地级市，能走到中级城市、大城市的不多，甚至走到省城的也不多。虽然改革开放以后，有些农村青年出来打工，好像是闯出来了，但其发展之路却非常艰难。有资料显示，20年前出来打工的农村青年，在城市扎根的很少，现在大多数都回到了乡村，因为资源和能力的局限，他们在城市生活很难。从社会学角度、文化学角度、教育学角度来看，都是一种难以弥补的匮乏，匮乏在资源、匮乏在文化启蒙上。

乡村孩子以后走上社会，一步步走向省城、大中型城市，他们会经历难以想象的艰辛和困难。他们在成长道路上，已经与城市的孩子拉开了距离。有一个大家都听过的故事，一位农村孩子考上大学后，和同学在咖啡馆喝咖啡，农村孩子说了一句：“我用了18年时间，才能和你一起喝咖啡。”信息的缺乏、教育资源的匮乏造成的文化差距，往往在他们成年后才知道。所以，我们一定要对乡村孩子的处境、定位非常清楚。

如何改变？从联合国到世界各国，包括美国的《不让一个孩子掉队法案》等，都是为了改变现状，但是很难。中国是发展中国家，如何改变城乡教育差距仍然是一个难题。我们国家从建立希望学校、投入资金、义工制度到“农村教师资助行动计划”政策，都做了很多努力，虽然也有收效，但收效不如想象中好。首先有一个大前提，乡村的父母、教师、孩子，他们所拥有的教育资源仍然不能与城市孩子拥有的教育资源相比。而童喜喜发起的“新孩子”乡村阅读公益行活动，无论是二十一世纪出版社集团赞助的这些优秀的童书，还是童喜喜本人出现在乡村的父母、教师和孩子们面前，她首先是把好的资源带给了乡村学校，而且面对面地沟通，这种沟通的影响也许现在看不出来，但10年以后，她走过的地方其影响就会显现出来了。

为什么呢？总有一批孩子被点燃！

因为对乡村的儿童、教师、父母来说，作家对于他们来说是挺遥远的，而童喜喜是有名的作家，她写了那么多书，已经影响了很多很多人。这位著名的作家突然来到这个贫瘠的地方，那种激动、那种相遇以及那种点燃，是一种不可替代的力量。

这只是一个方面，另一方面，童喜喜见多识广，她的思维能力、鉴赏能力特别高，她可以把乡村儿童的思维层次，包括父母、教师的思维层次和鉴赏层次提高，而且给予他们极大的希望：你只要努力，你也可以像童喜喜一样慢慢走向成功。这种希望的力量是无穷的！

“新孩子”乡村阅读公益行活动第一期，童喜喜只用了8个多月的时间，走完了100所学校，这简直是疯子一样的行为。新父母研究所发起的这场活动仿佛是开始了一次长征，在这“长征”路上像一个播种机，一路播种希望、播种阅读推广。这个活动的社会意义和文化教育意义都非常大。

全国的作家、教师、教育研究者，如果都能像童喜喜这样，我们中国的乡村教育肯定会发生翻天覆地的变化。

我们把眼光放更远一些来看，如果童喜喜对哪个孩子讲了话、讲了故事，那么这件事对这个孩子未来产生的影响，乃至对孩子一生的带动和影响都是非常巨大的。这就是这次活动最大的意义，是值得大书特书的。

以心比心，假如谁的孩子就在这所参与活动的学校上学，他看过童喜喜的某一本书，突然有一天，这本书的作者就坐在他眼前，而且面对面地跟他交流，跟他的父母交流，这对孩子一生都会产生极大的影响，让他感觉到城市文明、现代文明离他并不遥远。不遥远就会产生希望，他就会渴望。如果幸福永远在远方，永远在遥不可及的地方，他就会没有希望。从这点上来说，童喜喜走进乡村学校、走到孩子们身边，产生的意义是非常大的。如果像童喜喜这样的作家，或者更优秀的教师群体都能走到乡村，每年都拿出一段时间来支援乡村教育，那对中国的影响将是非常巨大的。所以，“新孩子”乡村阅读公益行活动，起到了一种真正改变现实的意义。

萤火虽微，却能推动教育改革

阅读，是改变乡村教育现状最直接最有效的方式。“新孩子”乡村阅读公益行项目，由萤火虫团队提供3年专业的阅读跟踪指导服务，把最好的阅读方式和学习方式带给了乡村学校，这对于改变乡村教育的意义十分重大。

从全球来看，欧洲和美国从20世纪20年代开始探索新的教育模式，到60年代基本成型，教育不再是记忆和重复训练，更多的是诀窍和思考，去理解世界，到生活中去积极地思考、学习，这种学习必须建立在自学的基础之上。第一，必须大量阅读。没有阅读量不行，换句话说，我们说的自学，它最基础的部分就是阅读、理解。如果看书看不懂、看不进去，怎么自学？无法自学。所以阅读就是自学的基础。第二，我们知道，每个人的时间、空间都是有限的，也就意味着他的见识锁定在自我空间里了。那么如何开阔视野、提高见识？必须打破这个时空的局限，经历的局限。如何突破自我？加强阅读。所以说一个人的成长，无论是提高见识还是开阔视野，阅读都是一种不可替代的途径。第三，很多人接触的文化层面不高，或者说不是更理想的和更好的，那么要获得更理想的生活状态也要通过阅读。阅读是摄取知识最好的方式之一，阅读可以陶冶情操，阅读可以滋养人的精神。

此外，国家教育改革也提倡以自主学习为主，但完成从应试教育走上自主教育，阅读是比较重要的一个因素，所以阅读对于解决国家的教育难题，起到了不可乎视的作用。对乡村、乡镇绝大多数学校、老师、父母而言，他们自身的阅读能力是有限的，“新孩子”乡村阅读公益行活动的跟踪服务，萤火虫团队的指导，让乡村的父母、孩子、老师得到很好的阅读指导和阅读资源。

“新孩子”乡村阅读公益行活动中，童喜喜和萤火虫团队将好的资源和方法传递给了乡村的孩子们。通过阅读，孩子们能摆脱他们的局限性，减少因局限性带来的发展障碍。童喜喜的这种做法我非常赞

春风化雨

同，为什么呢？因为她不仅是一位作家，她的自学能力非常强，而且她的体验非常深刻，她能有效地把这些方法告诉别人。她建立萤火虫团队，点亮自己，照亮他人，通过10年甚至20年，这可能对中国教育的改变、首先是阅读的改变将具有非常巨大的意义。因为阅读带给乡村孩子学习的变化对于中国教育的变革可能是一个功不可没的贡献。

“将公益进行到底”

——支持者说“新孩子”

提起“新孩子”乡村阅读公益行活动，就不得不提到为这一活动提供活动经费、捐赠1000万码洋图书的合作者——二十一世纪出版社集团。它是获得2015年世界年度最佳童书出版社的出版机构。它不仅在出版界大名鼎鼎，在社会公益上也遐迩闻名。仅仅为“新孩子”乡村阅读公益行活动捐赠的图书这一项，价值共计1000万元。对“新孩子”乡村阅读公益行活动给予的鼎力支持，彰显出一家出版机构的教育情怀、爱心、责任和远见。

王军，二十一世纪出版社集团总编辑，在“新孩子”乡村阅读公益行的一年活动结束时，进行了总结，并表达了其将公益进行到底的决心。

爱心比天山雪莲珍贵，比西藏格桑花美丽

非常高兴来参加此次活动！我谨代表二十一世纪出版社集团，祝贺“新孩子”乡村阅读公益行第二阶段活动正式启动！“新孩子”校长联盟第一届研修班盛大开班！

今天是个特殊的日子。一年前的六一儿童节，我们曾经相聚在一起，共同度过了一段非常值得纪念的美好时光。在那次相聚中，我们共同见证了一套特别而意义非凡的图书的面世，那就是大家都已经很熟悉的《新教育的一年级》系列图书。在那次相聚中，我们共同见证了一个庄严又神圣的时刻——“新孩子”乡村阅读公益行的正式启动。这是由二十一世纪出版社集团和新教育新父母研究所联手举办的全国性公益活动。

一个系列图书的问世，一个活动的开启。一年前的相会，我们共同播撒着希望的种子；一年后的今天，这些种子在所有参与者的精心呵护、培养下，蓬蓬勃勃生长起来，回报给我们的是每一朵花朵、每一个丰硕的果实。《新教育的一年级》系列图书共12

本，经过编辑同志的努力已经全部出版完毕。每本书都有一个主题，共12个主题，以故事的形式、流畅风趣的语言，培养孩子良好的习惯、健康的人格和生活自理能力，堪称幼童快乐成长的学习宝典、家庭和学校教育的经典素材。迄今为止，该系列图书已经销售35万册。一年的时间，如此的销量，充分证明了读者对此系列图书的认可。这种认可是对作者童喜喜的致敬，是对该系列图书的致敬。该系列图书在销售过程中得到了在座各位专家、校长、媒体界朋友的支持，在此一并表示诚挚的谢意！

“新孩子”乡村阅读公益行在过去的一年，开展得如火如荼。以童喜喜为代表的团队走进100所乡村小学，进行了100多场公益讲座，足迹遍布河南、山东、广西、河北、陕西等32个省、自治区、直辖市，行程15万多公里，创下了中国作家一年公益行程、公益讲座之最，点燃了这些乡村教师、学生、父母的阅读热情。这些爱心比天山雪莲珍贵，比西藏格桑花美丽，感人肺腑，令人崇敬。

二十一世纪出版社集团作为中国少儿出版行业的佼佼者，自成立以来一直致力于建立一所没有围墙的学校，为0到18岁每一个年龄段的孩子快乐阅读、健康成长提供优秀的精神食粮。我们始终认为，对一家出版社而言，品牌影响力永远比利润重要。这些年来，我们一直致力于公益事业，曾经多次向革命老区、边远山区的学校捐赠图书。这次“新孩子”乡村阅读公益行活动，我们向100所乡村学校捐赠了价值1000万元的童书，并将该系列图书利润的50%捐献给新教育基金会，就是对我们集团出版理念和企业文化最生动的演绎。

今天，我们在这里总结工作，欢庆胜利，心情是喜悦的，但这只是我们崇高事业的开始。公益没有止境，阅读没有终点。赠人玫瑰，手有余香。二十一世纪出版社集团将以塑造未来民族信心为己任，恪守社会责任，强化社会担当，将公益进行到底，让更多边远山区的孩子读上书，读好书，从书中获得知识。

“让我们一起行动起来”

——义工说“新孩子”

“新孩子”乡村阅读公益行是一个播种的过程，更是一个寻找和发现的过程。新教育人因为这样的相遇而倍感珍惜，加倍努力。来自内蒙古赤峰市宁城县天义第三实验小学的李秀云书记，还有一个特殊的身份和角色——萤火虫义工，她还是新教育萤火虫宁城分站的站长。这种特殊的身份让她格外忙碌，但是她却非常享受这种忙碌的生活。

做一只照亮他人的萤火虫

我叫李秀云，来自内蒙古赤峰市宁城县天义第三实验小学。我是学校“新孩子”乡村阅读公益行项目的负责人，也是新教育萤火虫宁城分站的创建者。学校的“新孩子”乡村阅读公益行项目，从推荐申请到审核达成，从聆听讲座到喜迎捐书，从捐书借阅到阅读活动的蓬勃开展，我因亲历全程，参与见证行动，更加感知公益行活动的深远意义。它因一个人传递一种温暖，而影响一座城；因一批书助推一种行动，而改变一方人；更因一份爱凝聚一种精神，而传承一份无法言说的美好。

我校是新教育实验挂牌学校。在推进书香校园的建设中，为了更好地推动亲子共读，2013年8月，我校有幸邀请到童喜喜老师为全校师生、父母做题为《喜阅》的亲子共读讲座。这是一场直抵孩子与父母心灵的对话，听得孩子们两眼放光，听得父母们跃跃欲试。买书、读书从那一刻起已不再只是老师和孩子们的事，父母开始自愿参与到书香校园的建设中，与孩子共读。

2014年4月，当“新孩子”乡村阅读公益行活动向全国乡村学校抛出橄榄枝时，恰逢我校正面临师生读书兴趣高涨、原有图书已不能满足需求，而学校又无力解决的关键节点。我校对项目提出的阅读讲座、捐赠童书，以及萤火虫义工为期3年的跟踪服务，更是无限向往。

2014年10月21日，是我校师生、学生父母永远难忘的日子。童喜喜老师要来我校做“新孩子”乡村阅读公益行讲座了。消息不胫而走，周边学校、县关工委、教育局、教育教学指导中心的领导、老师们来了，300公里之外的林西县的老师们也慕名来了。人们从四面八方赶来，只为能现场接受孩子们喜欢的儿童文学作家童喜喜对阅读方法的专业指导。

清楚地记得那日，由于飞机晚点，喜喜经过一路颠簸赶到学校时大家已经陆续入场，一份盒饭充饥之后，她直奔会场，为4700多名师生、父母做了近两个小时的题为《共读共行新孩子》的讲座。我们不仅被喜喜忘我的公益情怀深深感动，更被喜喜老师亲子共读和口头作文的好方法所吸引，偌大的会场以自始至终特有的安静折射着讲座的精彩。10月的宁城县气温虽然不高，但午后的阳光长久地照在脸上还是火辣辣的，而喜喜，全程讲座以站立的姿态迎着太阳的照射，脸颊被烤得通红。户外讲座结束后，孩子们与喜喜交流的热望、学校外观一年间产生的巨大变化，以及在室内互动现场，老师们提问题的深度，和一年前相比都有了很大的不同，这种变化让喜喜特别兴奋。在离开学校去机场的路上，我们一路畅谈，讨论读书推进的举措，交流分站成立后的各种事宜，心与心的碰撞所汇聚的那份美好就这样升腾成一股向上的力量。而那时，我丝毫不知一脸灿烂的喜喜正在饱受腰肌劳损的折磨。返程中的她在微博里对我说：“说心里话，每当我重返一所好学校时，那感觉，真是幸福得昏沉沉的！我亲眼看见希望已经很稀奇，亲眼看见希望在时光里逐日成长为现实，真叫刺激！请帮我转达对任校长和天义教师团队的感谢：谢谢你们实现的美好，让我觉得生活如此美妙！当我见到这群人，在大江南北见到这类人，我的悲观就能得到根本治疗。国是什么？其实有多种定义。我只是认定：有这群人在，中国不赖。”读着这样的文字，我的泪水一下奔涌出来。

时隔一周，我收到喜喜邮寄给学校老师、孩子们的赠书：《这一群有种的教师》《大师教你做父母》《新教育的一年级》《一年级趣多多》《二年级乐呵呵》《影之翼》……并随之收到喜喜发来的新教育榜样教师飓风大姐上《影之翼》的原创课件和尊敬的朱永新老师在淮安家庭教育委员会上讲话的幻灯片，字里行间热切的希望、温暖的话语，让我的心久久不能平静。这股爱的力量汇聚成的暖流给了我们无穷的动力，老师们也积极行动起来忘我地投入工作，这更加坚定了我要把得到的爱传递出去的决心。

寒假前夕，“新孩子”乡村阅读公益行捐赠的价值10万元的童书，从遥远的南昌抵达塞外宁城，进入我校校园。为了让孩子们一进入假期就读到这些书，我们的老师和父母们自发地加班加点地进行录入整理。可是我们的孩子还是迫不及待了，整理进行时，便有孩子悄悄溜进来，扎进书堆猫在一角，一动不动如饥似渴地读起来，那场景让疲累的我们陡然间倍增无穷的力量。

同时，我们把《寒假伴书香、悦读助成长——亲子共读倡议书》发至每位父母手中，并在教育在线论坛网站建起了专门记录寒假“书香家庭、亲子共读”感悟的专题帖，为假期亲子共读做好全方位的准备。放假那天，也是领书回家阅读的日子，孩子、父母早早地在图书室前排队等候借书，那着急而又耐心的等待，让我们这些为此付出的人心醉。寒假里，孩子、父母共读感悟不断上传，老师们抓住难得的时机，进行点评，把假期亲子阅读引向深入。开学后，有的班级还评出了书香家庭，促进了亲子共读的持续发展。

新学期，为了让“新孩子”乡村阅读公益行捐赠的童书发挥更大的作用，萤火虫宁城分站与学校联合，成立萤火虫读书俱乐部。由分站向站内父母发出开展萤火虫家庭读书会的倡议，并由义工（老师）在线上做“我为萤火虫家庭读书会代言”的主题分享，进一步指导以数个家庭组织在一起的亲子共读家庭读书会的步骤和方法。几个月来，萤火虫宁城分站已建立起班级活动与校外家庭之间相联系、家庭活动与社区活动相联系的活动方式，把阅读活动从学校辐射到周边社区。于是每逢节假日，在塞北小城，家庭、店铺、美食广场，户外草地林间，都可以看到一群爱读书的孩子、老师、父母的读书活动场景。这样的场景不仅吸引路人围观，更引来众多父母咨询。“新孩子”乡村阅读公益行捐赠的书，不仅造福于我校孩子，还造福了宁城一方。

萤火虫宁城分站自2014年9月开始创建到2015年1月正式成立，时至今日，群内已有县内外父母768人，萤火虫义工20人。自从有了受捐的这批书，萤火虫分站开展活动更加自如、丰富。在短短5个月的时间里，萤火虫义工共做线上主题分享6次，线下活动15次，惠及（累计）1万余人次。萤火虫义工和父母还结合自己的特长和不同年龄段孩子的需求，创建专项活动群8个。我们这个以喜喜为荣、为榜样的萤火虫义工团队，牢记“点亮自己、照亮他人”的萤火虫服务宗旨，在扎实推广阅读活动中，累并快乐着，也使自己的生命得以丰盈并真正成长起来。

2015年4月9日，宁城萤火虫义工团队核心成员应邀赴林西县，为全县中小学教师做新教育儿童课程和萤火虫亲子共读的实地指导，掀起又一个地区的阅读热潮。2015年4月25日，在北京家校合作共建高端会议上，我以“家校携手共享幸福”为题，和与会代表共同分享以书为媒、家校合作共育的感人至深的故事，把我们推广阅读的经验传向全国。

喜喜说，萤火虽微，却是生命之光。一年来，一场讲座，一份捐书，已让诸多师者、父母、孩子在参与萤火虫亲子共读、参与“新孩子”乡村阅读公益行活动中，产生了由内而外的精神蜕变。我相信，接下来的跟踪服务，还会带动更多的人在推广阅读活动中真正成长起来，使学校成为当地具有影响力的文化中心。

知道我在学校由业务校长转岗担任书记之后，喜喜称我为“萤火虫书记”。我喜欢这个称呼。我想，虽然每个人的职务不同，但我们都是普普通通的中国人，只要我们每个人都发光，再微弱的萤火也会让世界变得更加美好。

亲爱的朋友们，我想向你们大声呼吁：让我们一起行动起来吧，让我们以书籍为翅膀，在阅读的世界里，做一只点亮自己、照亮他人的萤火虫！

“理念的改变决定着行动的方向”

——校长说“新孩子”

“新孩子”乡村阅读公益行，这不是一次简单的捐赠，这是在用爱心和智慧助推中国乡村阅读的教育发展，这是在用爱心和智慧重塑中国乡村阅读生态。一个好校长就是一所好学校。好校长可以有很多标志，但是热爱和坚持阅读应该是其中最重要的标志之一。在公益行的过程中，有这样一群校长，为了孩子们倾注着全部心血。

遇见美好，创造未来

——河南省安阳市内黄县第七实验小学校长　连金义

生命因相逢而美好，因邂逅而美丽。2012 年 3

月，我本是极不情愿地被朋友拉去郑州市四月天小学，参加由儿童文学作家童喜喜主讲的讲座。没想到，这场推动阅读、助力家校合力的激情演讲，带给我巨大的心灵震撼！就是在这里，我初遇童喜喜，初识了新教育。那一刻，蛰伏已久的教育梦想被点燃。

3年来，我和我的学校跟着新教育前行。2014年6月1日，我还有幸参加了“新孩子”乡村阅读公益行项目的启动仪式。今天，我想与大家分享几个小故事，分享这段刻骨铭心的经历。

2014年9月5日，童喜喜的讲座来到了我的学校——内黄县第七实验小学。那天是个大晴天，9月初骄阳似火，天气的炎热大家可想而知。但是我听过童喜喜的讲座，我知道这场讲座的价值。为了能够让更多的学生、父母受到这样一场关于阅读的洗礼，我们还是把活动放在了室外举行，组织了全校学生、父母参加。听众们背对太阳坐着，实在撑不住了，就把衣服披在头上，用来遮阳。

当然，我们在布置会场时，把主席台布置在阴凉的地方。万万没有想到，讲座一开始，喜喜便离开主席台，向外走了几步，站到了太阳下。她说：“大家都在太阳下，我一个人在阴凉的地方，不合适。”我们都惊呆了。现场一片寂静，然后，雷鸣般的掌声久久不能平息。就这样，喜喜顶着毒辣辣的太阳，站着完成了90分钟的讲座。回到教室后和老师们座谈，用了1个小时，又相当于一场小讲座。

站着演讲

如果说这一次公益行活动，让我深深感动，那么我参加的第二次活动更是让我震惊。

2015年3月14日上午和下午，在河南省商丘市和新乡市原阳县，分别有两场"新孩子"乡村阅读公益行活动。当我听到朋友的小道消息，得知其间喜喜需要人接送时，我主动承担了这次的接送工作。因此，我得以目睹了她一天的工作。

在活动前一天深夜11点，喜喜赶到商丘。第二天早上5点多天还没亮，她就起床处理工作，紧接着就赶往学校。讲座从8点30分开始到10点30分结束，紧接着是参观学校、和老师们座谈，上午活动结束时已经是中午12点。而距离下午的讲座地点还有3个小时的车程。喜喜来不及休息，在路边草草吃了点饭。我便开车送她去往下一个讲座地点——新乡市原阳县。

其实，我是个不合格的司机。当时新学期刚刚开始，作为校长，我那几天事务非常繁忙。作为司机，那天的行程又过于匆忙。我困极了，在高速路上睁不开眼。为了不耽误喜喜下午的讲座，我硬撑着用含苦药片的方法驱赶睡意。即便这样，我仍在高速路上开着车打了个盹儿，车子偏离到隆声带上我才猛然清醒。担心影响她的心情，至今我都没有告诉她这惊险的一幕。现在想起，仍觉心惊胆战。

我这样一个大男人都受不了的奔波劳累，我不明白，童喜喜是怎样坚持下来的？她多么需要休息，哪怕半个小时！那天下午在新乡市原阳县举办的活动，她拖着有恙的身子，坚持到了晚上近8点才结束！那一天，不算和我们私下交流的时间，仅仅是演讲、座谈，她就连续工作了近6个小时！

而我所经历的，只是她百场讲座的其中两场，要知道八个多月来，她几乎每天都是这样不停地奔波！

初次相见时童喜喜老师的林黛玉形象已经被彻底颠覆。从身形看，她的确是柔弱的，这一路上，她几乎一直腰痛着、咳嗽着。但无论是精神还是行动，她都是一个不折不扣的钢铁形象。对别人，她是慷慨的，无论是捐出稿费，还是资助山区学生，她可以一掷千金；对自己，她又是吝啬的，连一件名牌衣服都不舍得买，更不要说房子……我不停地在问：一个著名的儿童文学作家，放弃可观的收入和舒适的环境，不要报酬不顾惜身体，劳碌奔波推广阅读为了什么？

每当我面对质疑和压力，犹豫不决或踌躇不前时，一想到喜喜，总会重振精神。在阅读推广的道路上哪怕荆棘丛生，我蹚也要蹚出一条血路，不为别的，只为这个80后姑娘的一片挚爱，只为新教育人的一份执着，只为让学生在童年里都有书香的浸润，长大后有美好的回忆。

作为一所2012年新建的学校，我们第七实验小学只有3岁，非常稚嫩。但是，遇见童喜喜、遇见新教育萤火虫团队、遇见新教育，我们又是极其幸运的。2012年9月1日，第一次招生时，我们只有12名老师，124名学生，仅4间教室。现在，我们已经有45

名老师，1300名学生。每到新学年的招生季节，我就要四处躲避蜂拥而至的学生父母，因为他们千方百计地想把孩子送到我们学校，无奈学校规模有限。为什么会有这么大的改变？就是因为新教育。

这3年来，我们学校十分注重教师的业务能力提升，送老师参加各种新教育培训。我们身处小县城，外出不是很方便，为了帮助老师们参加培训，我曾经在凌晨2点亲自开车去接送参加培训的老师们。

在建校两个月后的2012年11月，我校正式启动阅读实验工作。推广阅读工作之初的困难远非诸位所能想象，教育局下拨的经费早在校园建设和校舍租赁中花完。为了省下钱给学生买书，我们能省则省，一张纸用完了正面用反面；开会时，能不开灯就不开灯，省下一度电就可以多出6毛钱。然而，再怎么节约，也是杯水车薪。万般寻求购书资金无果，坚持应试教育的人还泼来了冷水："不要把小学办成幼儿园!""不要搞那些华而不实、花拳绣腿的东西了，还是专注提高成绩吧……"这样的困难并没有让我气馁，我决心要做出一番事业，证明阅读推广的重要性。于是，我们动员学生组建班级图书角，在生生"漂流"（书籍传阅）、班级"漂流"之后，又动员父母们多给孩子购置图书。孩子们的阅读量与日俱增，对书籍的需求量越来越大，我校的阅读资源仍然匮乏。

就在我正为寻找更多图书资源而四处奔波、一筹莫展之时，新父母研究所与二十一世纪出版社集团携手开展了“新孩子”乡村阅读公益行活动，受捐学校不仅可以免费享受童喜喜推广阅读的讲座，还可以获得二十一世纪出版社集团捐赠的价值10万元的图书。听闻此消息，我狂喜之情无法形容。4月份，我们向项目组提交申请，在经过项目组的严格审查之后，2014年9月5日，童喜喜代表“新孩子”乡村阅读公益行来到我校做讲座并进行捐赠。

尽管我对我们学校的“新孩子”乡村阅读公益行活动信心十足，但是活动反响的热烈，还是让我喜出望外。教育局相关领导对这次公益行活动极为重视，父母们的反应也远超我的想象。尤其是在教师座谈会上，喜喜的引领更是令大家醍醐灌顶。

在这之前，尽管我们做了大量的工作来改变教师的观念，但仍有教师对繁重的工作极度不理解和懈怠，我也因此懊恼过。这次讲座之后，我明显感觉到这些老师无论是精神面貌还是实际行动，都表现出了积极向上的发展态势。老师利用借阅受捐书籍，积极在班级中开展共读、共写活动，10万元的图书“活”

起来了，一度出现“抢书”的局面。为了推动阅读，老师们想尽办法开展“阅读讲座”“故事爸妈评选”“讲班级里的故事”等活动，还带着孩子走进枣林，举办“枣林诗歌会”。田野中，桃树下，枣林里，留下了他们“喜阅”的足迹。

此外，我们会每月评选“阅读小标兵”，每学期评选“阅读之星”，每学年评选“阅读金星”，对获得“阅读金星”的学生进行隆重表彰。各班开展师生共读活动，阅读课上通过“书中故事我来演”和“游戏竞猜”，对学生一周读书情况进行总结，增加共读的趣味性。

“新孩子”乡村阅读公益行之后，我校又有4名教师申请成为全国种子教师，其中有3名曾是我们全校最不积极的教师，毫不夸张地说，是公益行改变了他们。如果说公益行之前，我在用一己之力艰难前行的话，那么公益行之后，则是薪火相传的接力。我们的老师在平凡中坚守着自己的信念，为每一个成长的生命喝彩。

理念的改变决定着行动的方向。自从“新孩子”乡村阅读公益行讲座活动结束后，父母们的改变更令我欣喜。为了帮助孩子养成良好的阅读习惯，一年级五班张若瑄妈妈和孩子做了一个约定，孩子写多少页记录册，妈妈就配多少幅插图。那些精笔细描的图画，每一笔都渗透着父母对我们工作的支持。

作为新教育实验学校，我们把《新教育的一年级》作为入学幼小衔接教材，由父母自发组织，为全校学生订购此书。更有趣的是，全校一年级的学生、父母、老师在共读这套写给一年级的书后，取得了良好的效果，高年级的学生父母也坐不住了。他们也集体购书，说："不能让我们的孩子错过好书！"

我校创建的萤火虫安阳分站自创建之日起，全部是由我校教师进行管理。现在，以雪儿为代表的一部

不能错过好书

分父母主动承担起活动的传播、组织任务。他们积极配合学校开展线下活动，带领孩子走出校园，走进自然，自创户外亲子共读模式，开创家校合力推广阅读的新局面。

建校3年来，我们从弱小走向强大，都是因为遇见新教育，携手“新孩子”，我们的步子一直没有停歇。我们准备用教育经费的30%添置书籍，为学生、教师和家长创建更为舒适的读书环境。我们正在开展萤火虫读书会，推动书香家庭的创建——每周末我们邀请父母和孩子走进校园，到学校里进行亲子共读。而且，我们还将对学校的周边地区开放我们的图书馆，让这些书籍不仅惠及我校的学生和家庭，还像“新孩子”乡村阅读公益行倡导的那样：让学校成为地方文化生活的中心，惠泽一方孩子……我们看见了“新孩子”乡村阅读公益行的美好，我们要创造更加美好的未来！

我今天的故事讲完了，但我们学校的故事还没有结束。面对未来，我只想用新教育萤火虫团队的那句话与大家共勉：点亮自己，照亮他人！

“阅读点亮心灯”

——阅读推广人说“新孩子”

四川省泸州市古蔺县教师进修学校的一位教研员——罗怀海老师，扎根西部贫困山区中小学教育已经28年。28年来，他一直坚持认真读书，并致力向师生推广阅读。他相信，阅读可以提高学生的语文素养，为孩子们精神的成长打下基础，改变他身边成千上万农村孩子的命运。

在西部贫瘠的土地上播下种子

——四川省古蔺县教研室教研员　罗怀海

我是四川省古蔺县教育局教研室的语文教研员罗怀海，能参加新教育“新孩子”乡村阅读公益行培训活动，我感到非常荣幸！

我首先为大家介绍一下我的家乡，四川省古蔺县位于川南边陲与云贵高原交界边缘的赤水河畔，那里崇山峻岭，是红军长征四渡赤水三次战斗过的地方，是“神采飞扬·中国郎”的红花酒的产地。

我的家乡是一个国家级贫困县，全县85万人，有中小学生15万人，其中留守学生占35%。那里山高路远，经济落后，精神贫瘠。根据我们教研室的调查统计，80%的学生没有课外阅读，90%的学生没能读语文课标和教材附录里要求阅读的书籍。

看到农村的孩子没有书读，看到孩子们在大山深处踮起脚尖伸长脖子眺望山外的世界，我们心里非常难过。我们也力图改变，力所能及地做过一些工作，但最终还是陷于困境而收效甚微。

正在这关键时期，我县石屏乡石屏小学申报了“新孩子”乡村阅读公益行项目，有幸成为“新孩子”乡村阅读公益行的项目学校。2015年4月3日，“新孩子”乡村阅读公益行项目发起者童喜喜女士风尘仆仆赶到了我县，为石屏小学师生及父母做了《共读共行新孩子》的讲座，童喜喜女士结合自身的成长经历，向父母们讲了阅读的重要意义。虽然当时是头顶烈日，但父母们都听得津津有味，自始至终没有一个人离开。童喜喜女士还为全乡小学教师作了《喜阅读出好孩子》的阅读培训，指导教师们“共读”的实践操作，激励教师们以身作则，做学生读书的榜样。

参加过“新孩子”乡村阅读公益行项目启动仪式的陈新华老师，情不自禁地在笔记本扉页写下“天使来古蔺，我爱童喜喜”，并在当晚以此为标题洋洋洒洒写出两千余字的心声，表达了对新教育义工、“新孩子”乡村阅读公益行发起人、著名儿童文学作家童喜喜的喜爱和敬仰之情。参加培训的教师看到此文后都说：“写出了我们的心里话啊！”

在“新孩子”乡村阅读公益行项目实施之后，石屏小学的师生们焕发出一种生气，有了一种新的气象，晨诵、午读、暮省，已经成为一种习惯。学生们在读《嘭嘭嘭》《影之翼》《日有所诵》《我的母语课》等书，老师们在读《我的阅读观》《书香，也醉人》《在农历的天空下》等书。在教师、学生的宣传和影响下，“书是粮食不是药”“喜阅读出好孩子”“一个人的精神成长史取决于他的阅读史”等已经成为当地的励志名言。

我们是“新孩子”乡村阅读公益行项目的受益者，我们会尽自己最大的努力搞好乡村阅读，让阅读真正落到实处。县教育局把乡村学校读书活动划归项目办管理，我们清楚地知道，阅读的落实在很大程度上取决于教师，我们要求实验学校的教师与孩子共读共写，让阅读成为师生在校的一种生活方式。我们要求学校每周安排两节课外阅读课，要求课外阅读必须要有教师指导，要求每位语文教师每月上一节课外阅读课。县教研室将以读书活动为抓手，组织中小学语文教师参加课外阅读培训，组织县域内片区教研联组课外阅读教学展评活动，组织全县课外阅读、群文阅读展评活动，组织校级、片区及全县的手抄报活动、读书演讲活动和“我最喜欢的一本书”征文活动。

我们要通过制度化、规范化的管理，充分发挥新教育乡村阅读计划实验学校的辐射作用，鼓励和支持一线学校组织实实在在的读书活动，营造书香校园。让学生通过阅读获得知识，获得教养，培养审美能力，提高语文素养，让学生通过读书改变自己的命运。但乡村阅读是一场艰难而漫长的持久战，需要更多的平台、更多的参与，呼唤更多的爱心撑起中国乡村阅读的天空。我想借此机会向新教育、“新孩子”乡村阅读公益行项目、二十一世纪出版社集团表示真诚的敬意和感谢。

“做乡村阅读推广的西西弗斯”，童喜喜女士的美丽誓言，让我找到了自己真正的定位。

我扎根西部贫困山区中小学教育已经28年了。28年来，我一直坚持认真读书，家中有藏书3000余册。我相信，阅读可以提高学生的语文素养，为孩子们精神的成长打下基础，改变我身边成千上万农村孩子的命运。

10多年来，我一直致力于课外阅读的实践、研究与推广。我的课外阅读推广主要体现在三个方面：

一是精心选编读本。从2005年开始，我先后选编了《亲近文学》《亲近母语》《群文阅读》《古蔺文学选读》等近150万字的中学生课外阅读读本。我还在广泛征求一线教师意见的基础上为我县小学生推荐《爱的教育》《夏洛的网》《波丽安娜》《绿山墙的安妮》《冰河上的激战》等书，为初中学生推荐了《城南旧事》《草房子》《永不放弃》《杰出青少年的七个习惯》《特蕾莎修女给青少年的12堂人生必修课》等书。

二是执教公开课和讲座。我在本县乡镇中学执教过《爱与敬重的阅读》《怀鲁迅》《仰止高山识启功》《小草在歌唱》《海鸥之歌》《悬崖边的树》《牛骷腔》《阅读是最好的纪念》等课外阅读公开课；做过《引领学生亲近鲁迅》《万方多难中成就的诗圣》《赤水河畔飞扬的诗情》等专题讲座；应邀到四川师范大学、西华师范大学等处执教课外阅读示范课和做过课外阅读专题讲座。我根据自己的课外阅读实践与研究撰写的《加强人文阅读，促进精神成长》获得四川省优秀论文一等奖。

三是通过教师的阅读和课外阅读教学影响学生的阅读。我相信，一个语文教师阅读的厚度，决定他站在讲台上的高度。我在骨干培训中增加课外阅读和群文阅读的专题，推荐了30本备读书目；组织骨干教师参加郎乡读书会，开展颇具特色的年度阅读活动。我县500多名初、高中语文教师大多数都读过吴非老师的《不跪着教书》、朱永新先生的《新教育》《我的阅读观》《书香也醉人》、童喜喜女士的《喜阅读出好孩子》、李镇西老师的《做最好的老师》、叶朗先生的《文章选读》、王开岭先生的《精神明亮的人》等书。

近年来，我县先后推出200多节课外阅读研讨课，其中中城中学陈新华老师执教的《心田上的百合花》、东新中学刘涌老师执教的《故乡的罐儿茶》、德耀中学马萧萧老师执教的《难忘的手》、马嘶中学杨齐国老师执教的《家乡的酸菜》、进修校邓林老师执教的《赤水河》等获得同行好评。这些课例文本来自我选编的读本，课例带动了全县多数语文教师的自主阅读，并通过他们的课堂把阅读的种子播撒在山区孩子的心房，激发山区孩子的梦想，为山区孩子点亮一盏盏理想之灯。

2015年4月，我有幸被中国教育新闻网、亲近母语研究院、新教育基金会评为“阅读改变中国”年度点灯人。我知道，这不是我做得好，而是组委会给我的鼓励。我和徐冬梅、童喜喜、岳乃红、张硕果等老师相比，还有不小的距离。

一个人可以走得快，一群人才可以走得更远。一个偶然的机会，我接触了新教育，结识了新教育义工童喜喜女士，理解了“新孩子”乡村阅读公益行。新教育的宗旨是过一种幸福完整的教育生活，新教育的义工们以一种无私的奉献精神，在中国广袤的大地上播撒阅读的种子，点燃阅读的火花。新教育在寻找具有相同尺码的人，我想我就是这样尺码的人！

在巍巍大娄山、滔滔赤水河畔，飘溢着课外阅读的书香。知识改变命运，阅读点亮心灯。我相信，在新教育的引领下，在“新孩子”乡村阅读公益行项目的帮扶下，我们在西部地区贫瘠的土地上播下的读书种子，一定会在将来的某一天，在学生的心田茁壮成长、开出大片灿烂之花！

“真的可以改变我们的一生”
——儿童说“新孩子”

我们是教师，我们是父母，我们也是离儿童最近的人。我们心心念念，我们千辛万苦，我们千方百计呵护着孩子们的童年。“新孩子”乡村阅读公益行，让阅读伴随孩子们成长，让孩子们从阅读中重拾希望，塑造未来。让孩子们找到自己的新形象，成为“新孩子”。“新孩子”是什么样的呢？

她，真的可以改变我们的一生

——上海市闵行区浦航小学三（3）班学生　高稀琲

我是来自上海市闵行区浦航小学三（3）班的学生高稀琲，爸爸妈妈都叫我琲琲。我在这儿想说说我与读书相关的小小心里话。

从小我就是一个很闹腾的小女孩。当我会走路、会说话时，就在家里一刻也不停，不停地翻家里的东西，不停地和家里人说话，而且我会将我想说的话对家里的每个人说一遍。有一次周六，妈妈被我折腾得实在受不了了，就带我出门去转转，妈妈将我带到了家附近的图书室，很多哥哥姐姐在那儿做作业、看书，很多爷爷奶奶在看报纸。我坐在非常矮小的板凳上，妈妈给我讲了第一个小故事《九色鹿》。后来，妈妈开玩笑地说："琲琲在听故事和睡觉时，是最最可爱的！"从那以后，一到周末，妈妈就带我去那个小图书室，讲故事给我听。

上幼儿园时，妈妈每天给我讲故事，当我吃饭认真，及时洗脸、刷牙时，妈妈都会奖励我听故事。

读小学一年级后，我自己认识拼音了，妈妈给我买了一些带拼音的书，妈妈给我讲故事总会留着最后一节，让我自己看。慢慢地，妈妈讲故事的次数越来越少了。一次，妈妈还撒娇，让我讲故事给她催眠。妈妈说她好幸福，女儿可以讲故事给她听了。就这样我渐渐喜欢上了阅读。可是，我读二年级时，妈妈比较忙，我一本本书读完了，妈妈没有及时给我买新书，渐渐地我读书的兴趣淡了，阅读量没有以前大了。有时睡前读书，还需要妈妈督促。今年5月17日，我们学校来了一位名叫童喜喜的老师，喜喜老师给学校的学生父母做讲座，我是为喜喜老师佩戴红领巾的学生代表，妈妈也一起去了。去学校的路上，我想象这位老师会是什么样子呢？8点10分，我看到了这位老师，只觉得很普通，很平常。看到喜喜老师没有距离感，没有隔阂，感觉就像住在我家隔壁的一位阿姨。

喜喜老师讲座时声音并不动听，她可能感冒了，还在不断咳嗽，但喜喜老师讲的内容却让我深深地记在了心里。

喜喜老师讲了自己少年时代的经历。父母都是供销社的普通职工，喜喜老师看的书都是父母从收购站收到的旧书。她小时候家境贫寒，直到上五年级时家里才买了第一台电视机。听到这儿时，我觉得自己太幸福了，爸爸妈妈会给我买很多的书。喜喜老师小学阶段，陪伴她的只有书。正是有了书的陪伴，她实现了自己的作家梦，才有了今天的成就。这时，我的心里一惊，最近我看书越来越少了。后来，喜喜老师分析了电视对孩子的危害，她说书是静止的，有助于培养孩子的专注力，而电视一秒钟会播放24张图片，会缩短孩子集中注意力的时间，还会扼杀想象力，把孩子变傻。所以她提倡父母们一定让孩子少看电视。

我心里真是暗暗内疚。上周六，我看完湖南台的《爱上幼儿园》，还想看其他节目，妈妈要关电视，我先是撒娇抱着妈妈的腰，不让妈妈关电视，妈妈坚持要关，我还和妈妈闹得不开心。看来，我真的应该少看电视了。喜喜老师说书是粮食不是药，所以不能偏食，杂粮有益健康。以前，我看的书多数是童话故事，父母尝试着给我买其他的书，我内心有些排斥，总觉得童话故事有意思，现在我认为我应该尝试看看其他类型的书了。我暗暗计划和我们班的同学，或者其他班的同学互相换书看。如果我认真看书，很快就能将一本书看完，为了不让爸爸妈妈总给我买书，我就换书看。喜喜老师讲了《月亮与六便士》这本书，书中主人公40多岁突然开始追寻自己的梦想，而且在此之前什么训练都没有参加，什么天赋都没有显现，甚至显得比一般绘画爱好者更愚钝，他却全身心地扑向绘画……最后他创作出了许多艺术杰作。

喜喜老师问我们："觉得《月亮与六便士》这本书的内容是真实的请举手。"我第一个举起了手，我想如果我能够坚持做一件事情，肯定能做好。我暗暗下定决心，我要坚持每天看书，不再让爸爸妈妈催促我。喜喜老师的讲座结束后，妈妈并没有急着回家。

她找到了我的语文老师李老师，和李老师交流几句后才和我一起回家，我问："妈妈，你刚才和李老师说什么了？"妈妈有些兴奋地说："童老师讲的内容太好了，可惜我没有录下来，我想向李老师拷一下童老师讲座的内容，让我们班的学生父母也看看，他们看后肯定也会更重视孩子的阅读。"

接着，妈妈牵着我的手，一边走，一边聊着讲座中记忆深刻的内容。我以前每周五放学后必看《樱桃小丸子》，晚上必看《疯狂的麦咭》《看我72变》，听了喜喜老师的讲座后，现在我心里觉得不再那么惦记它们了。周五放学回家，我会先做作业，晚上看看《疯狂的麦咭》，每天睡觉前，我都会看看书。因为家里很小，我和奶奶睡在一起，为了不影响爸爸、妈妈、奶奶，我会坐在沙发上看会儿书，再睡觉。

我很感谢我的老师，让我有机会听一次这样的讲座；我很感谢喜喜老师，让我听到了这些质朴的、对我们阅读有用的内容。听喜喜老师的讲座，给我最深的感受是：喜喜老师所讲的内容，真的可以改变我们的一生。

共读共行，云霞满天

——父母说“新孩子”

教育错了的儿童比未受教育的儿童离智慧更远。“新孩子”乡村阅读公益行以唤醒父母、助推父母成长为己任，在这个过程当中确实有很多父母的教育观念、教育方法发生了很大的改变。要想孩子优秀，先做卓越的父母。在一个班级之中，为什么这个孩子和那个孩子不一样？很简单，因为他们来自不同的家庭，因为他们有不一样的父亲和母亲。

共读共行，迟到的爱恋

——长沙市岳麓区学士睿哲希望小学学生父亲

刘红军

儿童文学作家童喜喜老师，这个年轻善良、外表柔弱、内心却无比强大的“喜鹊”喜降长沙，搭起了师生、亲子、师长间沟通互动的桥梁，启动了无数成年人内心需要开启的心灵之锁。儿童文学就是“人之初，性本善”的诠释，共读共行就是性本善的保鲜膜，无论我们年长还是年幼，让我们一起阅读吧。在这纷纷扰扰的生活中，我们忘记了初恋的美好和对生活的憧憬。于是，一个个作茧自缚，捆绑蜷缩着自己的灵魂，眼睛里流露着质疑冷漠的神情。我们是重启曾经的美好还是继续冷漠观看现实，谁都很迷茫。但，我知道，只要有一次恰到好处的机缘，一位穿越你灵魂的使者，一个你认定并相信的行动就会开启封藏了多年的美好。就这样，你的恋爱之旅就又开始了，这是和孩子的恋爱，和生活的恋爱。只有这无私公益奉献出来的爱，才是没有被污染，值得我们去爱的。

心灵恋爱了，有怦然心动的感觉，有相见恨晚的意境，有这辈子不容错过的你的守护……虽然有些许迟到的意味，但我们还有一生的相知相恋。是的，我通过新父母新孩子研究所团队、“新孩子”乡村阅读公益行活动和《共读共行新孩子》公益讲座搭建的鹊桥，带着双胞胎女儿走进了“共读共行”。

这次的“鹊桥”活动，有几点恋爱心得想分享一下。在此之前，我也参加过类似关于阅读或者是国学推广的讲座活动，讲座过程中是热血沸腾，散场后就又回归平静，因为没有找到正确的方法，怕无法坚持下去，或是带有推销著作的意图，所以从内心就有所抵触。这次童喜喜老师的公益讲座，让我身临其境地感受到“公益”二字的特殊意味，感受到“公益”背后强大的力量和老师、父母团队的公益推动，感受到童喜喜老师由浅入深，用自身童年成长的事实说明阅读对自己的影响，以及阅读将会对我们孩子带来的影响。这次活动，学校老师特别重视，父母们的参与度都很高。与童喜喜老师的现场互动以及种子老师即兴的分享阅读，给老师、父母和孩子们带来了满满的正能量。

站在成年人的角度，每天生活在大都市里，工作和生活的压力让身心都喘不过气来，对于阅读常感到无心无力。站在孩子的角度，回家就有作业要完成，还有这样那样的特长班要去上，又不忍心剥夺他们玩耍和睡觉的时间。所以，在此之前，我就把阅读当作了一件可做可不做的事情。这次的公益讲座，让我彻底明白了阅读就是粮食，是生活，是人生路上必备的武器和工具；儿童读物不仅仅是小孩的读物，其实更是成年人要去阅读的。我们在人生的路上遗失了太多对事物“相信”的态度和力量，儿童读物可以让我们的心灵歇一歇，让我们通过“共读共行”来认知自己和这个世界。让孩子们在阅读中成长，强大自己的内心，在成长路上不被困难所打倒。

以前和孩子共读的时光屈指可数，在阅读上做得最多也坚持得比较好的事情是通过国学机阅读。每天早上起床和晚上睡觉，或者是周末在家，只要是在孩子活动范围内，我们都会打开国学机放音乐、故事、国学文章等，通过电子读书来带动她们阅读，或者是将儿童读物随意地放在书桌、床头、茶几和餐桌边，让她们随时能看见，通过环境潜移默化地影响她们。这是一种比较随意的做法，见效也甚微。通过这次讲座，我找到了阅读的队伍，找到了阅读的导师，我们可以一起交流阅读的方法、阅读的意义和阅读活动的开展。当然，更重要的是我也找到了适合我们亲子阅读的方法。这不是一件说干就干、说停就停的事情，这是一个习惯的养成，是伴随我和孩子一生的事情。只要我们用心去影响，用心去领悟，办法多的是，当然也必然会做到。

我们长沙地区新父母新孩子研究所的分站，会将公益行活动通过以点带面的方式推动下去。这次童喜喜老师的公益推动对于我们长沙地区来讲就是播下了一颗种子。分站里面的种子老师都非常棒，她们就是第二个、第三个童喜喜，她们亲力亲为，贴近生活和环境做阅读行动，就是最好的讲座和教科书。这个团队会不断扩大，让更多的人加入进来。每年举办大型的公益活动，可以是讲座，也可以是组团外出参观展览或是在特定的环境下举办孩子们阅读、背诵诗词的小型活动，活动形式可以多元化，重要的是环境对父母和孩子们的影响。俗话说“读万卷书不如行千里路”，可以在千里路中带动万卷书，视觉、感觉和听觉的影响是一种身心的愉悦和放松。当然，这是对“初恋”一种最美好的憧憬，最浪漫的想法。

我们广大父母朋友们都要和孩子们守住这份美好，永远保持一颗初恋般的心，不畏将来，做好当下，共读共行。

你是天上那朵云

——北京市新教育实验学校二年级（1）班　杨依依的父亲

我是一名二年级女孩的父亲，前不久，在我女儿就读的北京市新教育实验学校，有幸聆听了童喜喜老师做的《“新孩子”乡村阅读公益行，共读共行“新孩子”》的讲座，可以说是受益匪浅。今天结合我自己和家庭的实际情况，在这里谈一谈我的一点感想。

我讲的题目是：你是天上那朵云！

记得那天在讲座开始前，有一个喜喜老师为学校捐书的仪式，一名少先队员为喜喜老师戴上鲜艳的红领巾。看到这感人的一幕，我热泪盈眶。同时看到她弱小的身躯扛着这么伟大的事业，我心里更多的是敬佩、感谢……在这里我也为我的女儿、为我的家庭感到庆幸，因为我们遇见了新教育，遇见了新教育人，是新教育让我们更加喜欢阅读，更加会阅读。喜喜老师的讲座，用我自己的话概括起来，就是：新父母要抓住孩子成长关键期，营造阅读、共读的良好环境，掌握阅读、共读的方法，尊重孩子的思考，相信书中的美好，活出美好，成才、成功也就水到渠成。这就是我对这次讲座的简单理解。

说实话，在这之前，我也喜欢读书，但那个时候，只是凭自己喜好选择。等需要陪孩子共读的时候，就没有什么要领和方法了。但是遇见了新教育之后，尤其是听了几次讲座之后，我学到了一些方法，让阅读更加有效果。经过专业的点拨，我才知道什么是适合孩子读的书。就像喜喜老师讲的一些方法，可操作性就很强，也让阅读更有针对性，而且可以取得事半功倍的效果。与此同时，在我们家也慢慢养成了起床后早读经典，晚饭后共读童书的习惯。一般在晚上8点左右，我们一家人开始记日记，然后一起读书。有时候，她们母女俩一起洗脚，也要捧上一本书，我就跟她们开玩笑地说："你们是脚臭伴书香！"我们一家人就这样每天其乐融融于书香之中！

使我难忘的是喜喜老师说的那句关于幸福和成功的话："成功不等于幸福，幸福才是成功。"在现实社会中不乏"虎爸""虎妈"为了追求所谓的成功，将自己的孩子折腾得不堪重负，有的甚至演变为惨剧、闹剧。其实，用咱们新教育的理念，让孩子在成长的关键期多读书、读好书，学到大量知识的同时，也学会了思考，这样就能轻松赢得考试，愉快地度过童年、少年和青年时光，对个人、对家庭、对社会，何尝不是幸福的事？幸福的人做幸福的事，不就是成功吗？就像我们的童喜喜老师。

我们敬爱的朱永新老师曾经说过："没有家庭参与的教育是不完整的。"从这一点来说，喜喜老师为教育事业所做的贡献，远不止是为多少学校捐了多少书，她更大的意义在于唤醒了一大批新父母、一大批家庭参与教育的意识。这在哪里能看到呢？其实在我们"萤火虫"群里就能看到。因为我没事的时候就喜欢泡在咱们的群里，可以算是半个义工了。只要喜喜老师在一所学校举行过讲座，马上就会有很多父母加入群里，据我统计，到目前为止，我们北京群成员已经达到870名，可能这个数字每天都还在增加。他们进了群就会积极参与互动讨论、每周三的讲座。我记得一位内蒙古的妈妈，一进群就着急地问，孩子不写作业怎么办啊？教育孩子有什么办法吗？我觉得她是真把喜喜老师、把新教育当成救世主了！就是这样一位只关心孩子作业的妈妈，经过一段时间在群里的学习、互动、交流，现在她每天在群里说的更多的是孩子的改变，是孩子的进步，以及她自己与新教育的相见恨晚。

没有座位站着听

经过像喜喜老师这样的阅读推广人和新教育人的努力，一些家庭和个体，开始逐渐觉悟，从最初对教育的一无所知，到现在的积极参与，这些都是可喜的变化。孩子发生了变化，父母们更有动力，这一切，都离不开一大批人的辛苦付出。我相信，看到这么好的结果，所有付出过的人都会感到幸福和欣慰。

德国教育家雅斯贝尔斯在《什么是教育》中这样理解教育：“教育的本质意味着，一棵树摇动另一棵树，一朵云推动另一朵云，一个灵魂唤醒另一个灵魂。”我认为，新教育就是灵魂的教育，喜喜老师就是天上的那朵云。

就让我们一起努力吧，终有一天会云霞满天……

阅读可以成为沟通的桥梁

——老师说“新孩子”

童喜喜一直把一线教师视为自己的朋友。

童喜喜曾经说过，她之所以如此深地投入新教育实验，就是因为在第一次参加新教育年会时，见到了一群和她以前想象中完全不一样的一线教师，就是因为在网络的碰撞交流中，和一群热情似火的一线教师结为了朋友。

童喜喜对一线教师怀着深厚的情谊，一线教师也对她回以真切的关怀。许多萤火虫义工，都是优秀的一线教师。当然，还有更多不是萤火虫义工的一线教师，比如湖南长沙的曹永健老师，只是在“新孩子”乡村阅读公益行的路上见过一次，却留下了无法磨灭的印象。

她的人生可供我们参考

——荷戟小卒（曹永健，湖南长沙）

童喜喜是谁？

她是一个儿童文学作家，也是一个具有责任感、使命感和悲天悯人情怀的教育公益人，还是一个狂热于阅读研究、痴迷于阅读推广的行动者。童喜喜，《中国教育报》2012年度推动读书十大人物。2014年，她出版新著《喜阅读出好孩子——中国孩子的阅读问题》，同时与二十一世纪出版社集团合作启动了“新孩子”乡村阅读公益行，计划为100所乡村小学做100场免费阅读讲座。

以上文字摘自网络。我还可以在她的履历后不断添加，比如她是2008年奥运火炬手，她用六天时间创造出了深受孩子欢迎、获得十多项国家级奖项的童书《嘭嘭嘭》……因为有了“新孩子”乡村阅读公益行活动，我才得以在长沙与她见面。岳麓区学士睿哲希望小学是她公益行讲座的第59所学校，此学校也是长沙唯一入选的乡村学校。

之前，我和喜喜是多年的网友。我是她的忠实读者，并且一直向学生推荐她的作品。我们最近的交流是我终于写了一篇《新教育的一年级》的读后笔记，喜喜读后，还算认可，于是推荐我为新教育种子教师。

这是我们的所有交集，然而因为阅读，我们的交集又不仅仅如此。

所以，当我们第一次在学士睿哲希望小学操场见面时，一声淡淡招呼，早已一见如故。

童喜喜的成长经历是怎样的？

童喜喜的家境并不优越，父母也都算不上文化人，高小肄业。按道理说，父母均为双职工，条件应该还不错，然而她父母在那个年代要承担长兄为父长嫂为母的责任，她的童年阶段，也是家里最拮据的时候，父母不但要打理好自家，还要负责叔叔及姑姑的求学与婚嫁费用。

喜喜的读书经历也颇为坎坷。她只上了一天幼儿园，父母就不让她去了。理由是，第一天回家后，母亲问她幼儿园学了什么，她对答如流，母亲说，既然都知道了，还上幼儿园干吗，那不是浪费钱吗？于是喜喜被搁在幼儿园之外。

因为家境一般，买不起电视，童年的她在阅读中找到了快乐。父母忙于生计，无暇顾及喜喜，因此她的成长无形中多了些自由与开放。每当她正儿八经与父母聊到所学所读之书时，父母异口同声一句“好”，给了喜喜最初的肯定，而阅读给了她一生的滋养。

喜喜大学所学专业与她今天所从事的写作与阅读推广八竿子打不着，她读的是铁路信号专业。毕业后被分在铁路系统，每天面对的是沉默的铁轨和闪烁的信号灯。喜喜开始想：我一辈子就这样在乏味与无聊中度过吗？

为了有一个更好的人生，她开始思考：我的梦想是什么？如果真有命中注定一说，那么一本书，一个故事，是她改变的开始。英国作家毛姆的《月亮与六便士》，讲了一个真实的故事：一个没有任何绘画基础的中年男子抛家弃子去学习绘画，别人认为他疯了，最后那个“疯子”成了著名的画家。

喜喜也做了一个重大决定，用一年时间来攒钱，因为有一定的积蓄，方不会被暂时的失业带来的困窘所击倒。她转向写作，用六天时间写就《嘭嘭嘭》一书，一炮打响。她被湖北省作家协会吸收为会员，并被聘为“签约作家”。在签订写作合同时她才知道，原来作家并不是二十四小时全职写作，大部分作家都还有一份其他的工作。

至于她之后因为《我的阅读观》一文与朱永新老师神交，2009年第一次参加在海门举行的新教育年会，后面的故事还很长，容我仅介绍到这里。

童喜喜以其自身之经历，反观成长，回望教育，至此她坚信：要改变未来，必须教育孩子。想帮助孩子，必须改变父母。在大人和孩子之间、学校和家庭之间、城市和乡村之间，阅读可以成为彼此沟通的坚实桥梁。抵挡应试教育的侵袭，终身阅读是最好的武器。

童喜喜的讲座要告诉我们什么？

童喜喜是个写故事的人，她也善于讲故事。

整场讲座，如果剔除故事的血肉，那么支撑的骨骼，喜喜已经用八句话将之概括，这八句话可以说是一首朗朗上口的打油诗：

电视老虎要打倒，书是粮食不是药。

儿童阅读要阶梯，环境布置有诀窍。

读后思考才有效，情感激发最重要。

共读共行新孩子，相信阅读幸福到。

这八句话，没有生硬的说教，要么是自身经验的总结，要么是发生在新教育师生、父母身上的真实故事的高度概括。故事最吸引人，也最感染人。不光孩子爱听故事，原来早已成年的父母们也爱听故事。

这八句话，其实就是喜喜2014年出版的《喜阅读出好孩子》的压缩版，这本书凝结着她对阅读的思考，每一句话都可以展开写成丰沛的章节。

绿草如茵的操场上，高远而深蓝的天空下，梨花满树妖娆灼灼其华，父母们坐在矮小的板凳上，仿佛席地而坐，就像信徒虔诚地听牧师布道。

不妨，在这个宁静的清晨，随便择取一二，细细咀嚼，让那些故事再一次在心中复活。最终，是要在每一个家庭，每一间教室成为日常。

之一：电视老虎要打倒。如今谁家没有电视？电视是家庭生活的最基本的配置。新阅读推广，是反对电视的，认为电视猛于虎，要有武松打虎的魄力和行动，远离电视，才能靠近阅读。电视以每秒钟24帧的速度出现，人们变成一个接收的容器，失去了思考的从容和空间。电视扼杀人的想象力，这绝非危言耸听。喜喜举例说，她的讲座，如果看电视一目了然；

如果听人说喜喜来讲座了，那么听者就会浮想联翩：喜喜多高，长什么样，她是怎么讲座的呀，她的讲座我和孩子能听懂吗？等等。阅读可以激发和培养孩子的想象能力，因此不看电视，或者有引导地少看电视就显得非常重要了。

之二：书是粮食不是药。如果觉得有些不好理解，那么喜喜的三个比喻会让人恍然大悟。喜喜说，课本就好像孩子的母乳，母乳之重要人人皆知，但只喂母乳的孩子能茁壮成长吗？台下的父母纷纷摇头回应喜喜。教辅书就是药，对学习有矫正、疗治之效，但只吃药培养出的会是一个药罐子。课外书，就好比五谷杂粮，不但味道合宜，营养亦十分丰富。苏霍姆林斯基说，孩子考试成绩不好，更应该广泛地阅读。苏翁在《给教师的建议》里提出的两套教学大纲已经说得十分明晰，阅读给了孩子广阔的知识背景，就像一片土壤，阅读让土壤变得厚实、肥沃，由此才能长出好庄稼。

之三：儿童阅读要阶梯。我个人认为这一点无论于父母，还是于老师都非常重要。阶梯阅读，是以认知心理学等教育哲学为理据，符合孩子们的接受特点。喜喜说，核桃，大家都知道是补脑的好东西，但是若我们把核桃给没长牙的婴儿吃，那一定是脑子进水了。同样，中国古典四大名著，是我们中国精神文化的高峰，如果一开始就让孩子去攀登，孩子不望而生畏才怪呢！因此，阅读的阶梯非常重要。作为父母、老师，要学会给孩子搭建阅读的梯子。阅读之初，先读多图画的，像在幼小阶段，阅读对象以经典绘本为主，其呈现方式主要是成人讲述，用带有感情的语调展现故事的节奏、转折，通过模仿人物语气、神态等感染孩子，吸引孩子，拉近孩子与书本的距离，种下一颗喜爱阅读的种子。

凡此种种，不一而足。

爱因斯坦有言："你想让孩子变聪明吗？那给孩子读故事吧；你想让孩子变更聪明吗？那给孩子读更多的故事吧。"

当我们一旦从观念上认识到阅读的重要性，也许我们一个微小的改变，影响到的将是孩子的一生。

童喜喜将要到达哪里？

童喜喜对教育，对人生有很多思考。她说：学校，应是尘世里的庙宇。只是，其中高高供奉的绝不是神灵，而是自己。期待自己、发现自己、相信自己、挑战自己、成为自己。

关于阅读，她认为：阅读，应是最锋锐的利刃。只是磨砺这把利刃，不为挥向他人，而是指向自己。剖析自己、治疗自己、拯救自己、成就自己。

阅读之于她，不是事业，而是志业。她以此为志，以梦为马，乐此不疲。做一个幸福的阅读推广人，在广袤的乡村大地上做一个传播美好的“花婆婆”，她是这么做的，这也是她为什么看重《中国教育报》颁给她的“中国十大推动读书人物”荣誉之所在。

分享

最后，一起分享一首喜喜的小诗《信》。我们怀着这份“信”，带着新的“愿”，像米切尔·恩德笔下的犟龟一样上路，总有一天，我们会因阅读而深刻改变，而遇到一个个美好的庆典。并且发现，我们既美好了现在，也幸福着未来。

信

童喜喜

我说的

每一句话

可能都是错误

唯一确保的正确

是激发你思索以确立自我

我不拯救你　我只表达我

你是对的

终究　你会是对的，

你对　世界就对

你对　世界才对

请你信你

如同

我信我

2015年3月22日

第四章 萤火相伴

2014年6月1日，《新教育的一年级》系列图书首发暨“新孩子”乡村阅读公益行启动。2015年5月20日，“新孩子”乡村阅读公益行第一阶段工作按时完成。2015年6月7日，3年的跟踪服务正式开始。

其中，童喜喜率领的萤火虫团队，则是3年跟踪服务的主力。

新教育萤火虫团队是作家童喜喜以推动“智慧爱”为使命，以亲子共读、家校共建为特色而逐渐汇聚的一个公益团队。

在“新孩子”乡村阅读公益行活动中，萤火虫团队的身影无处不在，哪里有需要，哪里就有他们。

“点亮自己，照亮他人”
——萤火虫核心团队

一头齐耳短发，笑起来温文尔雅如春风扑面，说起话来爽快干脆简明扼要，走起路来昂首挺胸脚底生风，她，就是飓风[1]，全国“推动读书十大人物”，萤火虫团队中的灵魂人物。

初识她的朋友怎么也不会把这个气势磅礴的网名与柔弱的她联系在一起。但了解她之后，你会发现，这个网名恰是为她量身定做的。

飓风原名郭明晓，退休前是宜宾市一名优秀的小学教师，是当地第一批获得高级职称的小学教师。飓风在即将退休之时走进新教育，退休之后，更是凭着

①萤火虫义工都是用的网名，以下就不一一解释了。

超凡的毅力和充沛的精力，全身心地投入到新教育实践中。如今，飓风早已有了自己的新身份与任务：新父母研究所首席培训师，“新孩子”项目的阅读种子教师首席导师。

飓风老师，执着、果决、智慧又充满活力和爱。她总是来去匆匆，呼啸而来又呼啸而去，在新教育的各条战线上奔走忙碌。

提起“新孩子”乡村阅读公益行活动，飓风说：“那是一场长征啊！谁会想到，在当今社会，还有人能创造一次新的长征！可偏偏她就做了，童喜喜，这个‘大头’娃，这个大傻子！”

2014年9月17日，公益行走到了山东诸城。这一次，飓风也到了山东诸城，与童喜喜有了4次短暂的见面，留下了长长的回忆。

第一次是17日早晨，我和蓝玫去宾馆二楼吃早餐，顺便去她房间看看她。7点20分，敲开她的房门，只见她披头散发，两眼浮肿，满脸憔悴，从打开的门缝里露出半个脸来：“别打扰我，我正在写一个东西——悼念熊辉的……”

24日我们在她的微博上看到她悼念熊辉的祭文，也就是说几天后她才有时间写完这一文章。

当时我说：“我们不打扰你，但你今天上午不做讲座吗？你不吃早饭吗？”她才恍然醒悟，跟着我们下楼去吃早餐。吃早餐时，也在谈工作，有萤火虫团队的，有朝阳学校的，有我们这次诸城活动的……她和素香还在谈焦作的事，我和蓝玫吃完早餐便去蓝玫要去的学校了。

白天我们各忙各的，下午我在实验小学上完课回宾馆休息，等着他们从乡下回来后吃晚饭。下午6点，她进我房间直接躺在了床上，看到她累成那样子我什么也不想说，只想过去静静地陪她躺会儿。我关了电脑，刚躺在床上，她又翻身坐起来了，把她那个大口袋里的东西拿出来清理。里面有萤火虫团队的旗帜，有捐款价值10万元图书的一个牌子，还有就是她做完讲座后听众们写的反馈意见。她仔细看着这些反馈意见，同时把它们按自己的标准进行了顺序排列，然后用一个圆形夹子把反馈的资料夹整齐，放入包内。她又翻身躺下，非常欢欣地告诉我：“我今天真高兴，我已经讲了15所学校了！”我真不明白她为什么把行程安排得这么紧，把自己搞得这么累。她告诉我“寒暑假不能讲，节假日不能讲，天冷了也不能讲”的“三不讲”政策。所以她一定要在天冷下来之前做完前50场。我这才知道，这样的公益活动，对她来说真是玩命的活动，何况在这样的情况下，还要掺杂进许多为这100场公益活动服务的另外的公益活动，就像这次来诸城，除了做“新孩子”乡村阅读公益行之外，她同时也做了其他活动的讲座。这时王主任叫我们下去吃饭，她躺在床上真不想起来，在我的催促下，她才起来和我一起下楼去吃饭。就在我还没吃到半饱时，她就说她吃好了，问王主任什么时候出发。我一看表6点40分，离她晚上的讲座只有20分钟了，王主任也是扔下筷子就起身和她一起走了。晚上她又用两个小时为300余位诸城市实验幼儿园的父母做了《喜阅读出好孩子之父母》的讲座。

第三次见面是18日上午在明诚小学。本来我是不去明诚小学的，因为硕果的航班出了问题，她不能到诸城，想到远道而来的老师们，我主动向王主任请缨临时增加一场，代替硕果演讲。当明诚小学的老师把我接到会场时，喜喜的讲座正要结束。看到她站在讲台上瘦弱的身子，穿着一件白裙，听着她那沙哑而充满热诚的声音，我的视线模糊了。我压抑着情感，把泪水逼回去，坐下来听她的讲述。最后，她用《影之翼》的主题歌来结束她的讲座，我听着熟悉的旋律，哼着熟悉的歌词，歌声让我的眼眶盈满泪水，而歌声却让我的眼泪始终没有掉落下来。当歌声结束时，我站起身来，走向讲台，走向我亲爱的喜喜姑娘，和她在台上合影留念。在合影时，她问我怎么来了，我套用她的话，开玩笑地说："人品不好呗！"其实我没有说出的是"向你学习，传播美好"！

中午吃饭时，她又回到明诚小学，边走路边看手机。我告诉她走路时别用手机，我就是在昨天走路用手机时，把腿碰伤了。她开玩笑地说："这就是人品问题啦，人品好的人才不会被碰呢！"我们坐在饭厅等候的时候，她问徐洁校长曾经发表过一篇关于海量阅读的文章在什么地方，之后就开始搜索阅读，整个吃饭的过程只喝了小半碗小米粥，菜基本没吃。我终于明白她一天哪来那么多时间了，但我也奇怪，她那么小小的身体，每天超负荷运转，吃得那么少，哪来那么多能量啊？吃完午饭回到宾馆已近1点，王主任告诉我们下午1点50分实验小学的老师来接我，而在1点20分就得接喜喜，她的讲座1点40分开始。我一看表，她已经没有休息时间了，她还要收拾行李，做完讲座直奔火车站回北京。我们就此一别。

飓风掰着指头数着："一天半，喜喜做了6场讲座，和我见面4次，这4次见面包括她吃饭的时间，加起来还没有她做一次讲座的时间长。"

见证了这两天童喜喜的马不停蹄，飓风开始密切关注喜喜"长征"的每一步，并调整自己的工作节奏，希望能尽量腾出时间亲身参与到“新孩子”乡村公益行的活动中去。2015年5月3日，飓风、硕果与童喜喜分别从宜宾、焦作和北京赶到成都汇合，去金川县进行“新孩子”乡村阅读公益行和新教育培训活动。

那天清晨，飓风6点就从家里出发了。后来得知，喜喜竟是早晨5点就从家里出发了，也就是说，她凌晨4点刚过就起床了。喜喜不说，飓风心里却清楚，北京的天气是比不得自己的家乡宜宾的。5月初的北京，春寒依旧料峭，更甭提春季蛮横的沙尘，何况还是清晨5点！喜喜小小的身躯是怎样被寒冷和风沙一路裹挟着前行的？飓风不能想，也不愿想。当坐上去金川的车后，大家一路上都在商量公益行的活动与种子教师研训营的活动，坐车也在工作，这又是飓风没想到的。她们直到晚上9点多才到达金川县，吃完晚饭已经10点了，飓风累得直接躺下直到第二天早晨6点才起床。而喜喜照样工作到12点多才睡，第二天仍旧5点起床。如果不是亲眼所见，飓风真不敢相信她是如此工作的。

5月4日吃过早饭后，他们一起到了学校。参观学校后，喜喜进行了两个小时的讲座。飓风做讲座时，喜喜又与公益行学校的老师们座谈。中午，大家连饭也来不及吃，就又坐上了赶往宜宾的车。

从金川县出发到宜宾坐了近10个小时的车。在路上，送她们到成都的车还出了问题。飓风这才知道，不仅旅途劳累异常，而且还存有安全隐患，这是拼命的旅程啊！到宜宾李庄镇时已经是晚上11点多，洗漱完毕又近12点。

5月5日，喜喜依旧是5点就起床写作。7点去吃早饭，然后到学校参观、讲座与座谈到12点。中午又是匆匆吃饭，饭后喜喜立即采访陈刚校长到下午3点，紧接着一个人坐上汽车回成都，准备5月6日飞西藏林芝，进行“新孩子”乡村阅读公益行第87所学校的活动。

“和她同行的这两天多不到三天的时间，亲眼看到她怎么走完两所学校，我当时只有一个愿望，放下手中的一切事务，陪她走完最后的十几所学校，却被她拒绝了。我只能每天在网络上看她‘长征’的脚步。我知道，她的每一则消息的背后，都有许许多多点燃自己、照亮他人的拼命的故事。”飓风如是说。

2015年6月3日，童喜喜来到北京新教育学校与飓风一起做《新孩子在行动》的幻灯片，两个人一起回顾了喜喜一个人“长征”的每一个脚印。与喜喜在一起的几天时间，飓风每天睡觉多则三四个小时，而喜喜比她睡得更少。喜喜这样的工作状态，飓风已习以为常了，现在都不想描述了。因为她知道，在公益行的路上，喜喜比这辛苦100倍。与之相比，自己坐在安静的办公室里，哪怕熬夜工作，也不足挂齿。

在做幻灯片时，她们把喜喜走过的学校按序排列，100所学校100张相片播放100秒，看来看去，时间都显得太长，很容易让人疲惫。飓风问喜喜："你怎么这么傻啊，要做100所学校，那么多学校，总结起来都让人看得烦!"喜喜怎么回答的，飓风已经记不清了，只记得一个词"百炼成钢"。是的，她的这一路就是百炼成钢、千炼成钢、万炼成钢……生命炼成钢的过程。她用生命在践行傅雷的那句话："赤子孤独了，会再造一个世界。"

那几天，飓风也拼命工作着，她以与童喜喜一起工作为荣，她更在追问自己："你能成为这样的赤子吗?"

含德之厚，比于赤子。在飓风看来，"赤子"，是对最纯良、最高尚的人性的判词，童喜喜无疑当得起这个称谓。而在2015年6月举办的"'新孩子'乡村阅读公益行第二阶段启动仪式暨新孩子校长联盟第一届研修班"上，飓风又认识了一个赤子——李玉龙。

开会的那天早晨，飓风急匆匆地跑进电梯，看到电梯最里面的角落，一个高大魁梧的男人无力地靠着，似乎有倒地的危险。他见飓风进了电梯，立即有礼貌地站直了身子，仍然背倚着电梯壁。飓风还没反应过来，他就开口了："您就是飓风老师吧！""您，您是……""我是李玉龙！"他豪爽地答道。"啊，李老师，久仰大名！"飓风无比欣喜地与他握手相识。然后，听了他的演讲，见识了他的风采与睿智，又听说他是重病刚出院到北京来参加这次公益行活动的，看见他竟然连到二楼吃饭的力气也没有，只能在会场吃饭的情景，飓风既心疼又钦佩。

又一个赤子就此走进飓风的心里！

那几天，工作很累很累，睡眠少之又少，但飓风明白了："'新孩子'，是具有儿童精神的大人或孩子，尽管有成人容貌，却有一颗不受污染的赤子之心！"

飓风喜爱童喜喜所写的《影之翼》一书，喜爱到她为这本书所写的作品评论、共读记录，远远超过了《影之翼》原著的字数。当童喜喜在2014年底修订了《影之翼》之后，飓风一直对一个细节耿耿于怀：书中的影大盗要坚守在人间，要去寻找流浪在各城市的影子，要确定再也不会有新的影子产生才肯离去。但是，童喜喜的笔下，这样的影大盗必须继续承受身体上的痛苦，所呈现的影子不是宁静幸福的银色，而是备受煎熬的暗黑色。

“他把‘不让更多受过伤害的孩子再被痛苦困扰’当作自己的天命，但这并不影响他解除自身的痛苦啊，难道担负天命就一定得自身痛苦吗？喜喜啊，雅努什·科扎克把帮助那些战争中的犹太孤儿当作自己的天命后，他的内心是何等地平静啊？喜喜啊，我一直以来以为你在以雅努什·科扎克为榜样做你的公益事业，看到你讲了15所学校后的欣喜，我是何等地安慰，我知道虽然很累，但你那种欣喜是可以超越累的，超越你那小小的身躯所能发出的能量的！在这里，你为什么非要把影大盗写成继续在痛苦中煎熬呢？你有什么痛苦？”飓风在病痛中思考着，留下大段大段的疑惑与追问，“喜喜为什么要影大盗拒绝要‘啪嗒花’啊？她在写他时，自己的内心装着什么痛苦啊？我又想起了近一段时间她痛苦的一件件事情来……这一路想下来已经过了凌晨4点了。”

于是，当童喜喜询问飓风愿不愿意成为新父母研究所的兼职员工时，飓风再一次叩问自己：“你能与他们为伍吗？你能跟随他们的脚步前行吗？”她问的不是自己“愿不愿意”，她问的是自己“能不能”。

与其他的邀请不同，童喜喜聘请飓风担任兼职员工的“待遇”，远远低于不担任兼职员工所能获得的各种好处。童喜喜说：“我知道这很不符合规矩。但我这里的规矩，就是这样的。”

反复叩问之后，飓风有了答案。平心而论，她不认为自己能达到童喜喜、李玉龙这群赤子的高度，可她愿意追随他们，她确定，她之后的生命旅程，只会也只有与这群赤子为伍，才会焕发不同的斑斓色彩，才能得以延展到新的高度。“这是我在2015年的又一次纵身一跃！”说到这里，飓风的眼神格外明亮，声音沉着而坚定。

讲到新父母研究所的工作，飓风咂了咂嘴：“风暴！这里的风格就是风暴式的！从来都是紧急集合加突然袭击，是打仗，你不战死沙场，就能快速成为将军！”

在这样的团队里工作，首先得自己“腐草为萤”，不断地让旧的自己死去，新的生命长出来，你才能“点亮自己，照亮他人”。

怎样让自己“腐草为萤”？童喜喜有两句话，最能体现新父母研究所的团队文化：爱你就把你抛在工作里，所有的问题都是自己有问题。

来到新父母研究所工作的人，一不是为利，二不是为名。在这里做的都是与教师、新父母一起成长的事，这样的工作是最不赚名声的，这样的工作只有让自己潜沉下来，化为“腐土”，才能让落在你这块“腐土”上的种子开花、结果，你才能化而为“萤虫”，“点亮自己，照亮他人”。所以，这里最为重要的工作是先让自己这棵枯草成为一块肥沃的“腐土”，才可能达到“为萤”的境界。

“爱你就把你抛在工作里”，唯有在工作里，你才能认识这群生如萤虫的人，你才更急于成为与他们一样的人。他们是谁？飓风说：“童喜喜就不用再说了，我就说说那些没有名声也从没想浪得虚名的人吧。”

沁心荷，高中语文老师、班主任。高中老师都是把自己“卖”给学校的，工作本不堪重负，而她在工作之外，不仅坚持做着阅读推广工作，还担任萤火虫项目的负责人，且萤火虫项目的工作在全国开展得如火如荼，每年线上线下活动频繁，如果说人活一辈子，而她是“活”几辈子。同为老师的飓风，将她视为自己的榜样。“唯有像她这样才能拓展生命的长宽高。”飓风如是说。

张硕果，这个早已在新教育事业响当当的女子，看起来是那样的温和。可你走近她，与她一起工作，你才会发现，她的温和由坚定支撑。因为她的信念坚如磐石，她掀起了“焦作现象”，让焦作教育闻名全国；因为她的执着向前，新教育种子团队才会越来越壮大，让许多新教育老师以当种子教师为荣。无论多难的工作交给她，她总能不急不躁、有条不紊地解决问题，你就会在她撑起的大伞下安心躲避风雨。表面文弱温和的她，却蕴含着一股超常坚忍的生命力量。

蓝玫，是飔风在这个团队中交流最多的一个伙伴。她自称是飔风的高级“秘书”，不管是到北京工作，还是一起外出，她主动承担一切事务，把飔风的日常生活和工作进程安排得井井有条……她在繁忙工作中始终保持的优雅姿态，她在主持各种活动中的表现力，只能用“天才”来形容。如果说她在其他活动的主持中，展示的是她的表演天分。那么在主持种子教师培训时，表现的就是她的职业天分。“她能把我没有表达清晰的地方恰到好处地补充出来，而绝不自显其能。如果硬要比喻的话，她在与我的合作中就是心甘情愿地做那衬托花朵的绿叶。如此优雅的‘绿叶’，让我在私下总是称她为‘蓝玫师傅’。”

“还有李西西同志。如此郑重其事地称他‘同志’，是因为他少年老成，行事为人让我们敬重。他是我们团队中唯一的男性，遇到一群如‘恶霸’一般的女同事，他就是白天的星星——显不出一丝光彩。

他心甘情愿地做着团队最琐碎的活儿：搬运、司机、出纳、会计、美工设计……而他的知识积累，在全团队是最丰厚的。在编晨诵读本的过程中，我纠结老半天解决不了的问题，他一句话就解决了；他做的电影课程讲座，让听众聚精会神，像我这样的人必须大脑高速运转，否则就会被他的渊博抛在大海里淹死。他与世无争，却能在朋友、伙伴伤心难受时，给予最体贴的安慰，他具有孩童的天真与纯洁，是一个真正的赤子。能与这样的人同行与工作，是何等的幸事！”

爱你就把你抛在工作里！在工作中与这些人同行，你才能在他们的帮助下成长，你这枯草才能化为花开的土地。“腐草化萤，而后明之。”飔风说，“很多关心我的朋友不理解我退休后还这么不辞劳苦地工作，那是因为，他们没有遇见我遇见的这些人，和这些‘萤火虫’在一起，多累都值得！”

冷清秋、鱼儿，两个由萤火虫义工而加入新教育团队的姑娘，是团队中最默默无闻的人。团队的一切基础事务都是她俩在打理，她们所做的工作真是无法量化，对内对外的联系接待，上传下达的通知反馈……事无巨细，无处没有她们的劳作。可以这样说，她俩就是团队的“空气”。如果没有她俩，这个团队就无法运作，“默默的基石”，说的就是像她俩这样的人。

2016年4月20日，在四川宜宾举办的“全国第四届新教育种子教师研训营”活动，喜喜给种子教师们做了《新教育晨诵的发展与践行》讲座，讲座最后，喜喜现场播放了“新孩子”乡村阅读公益行活动第一阶段的幻灯片，100所学校、8个多月的行程，乡村学校操场上父母、孩子灿烂的笑容……都浓缩在十几分钟的幻灯片里，舒缓的乐曲伴随着喜喜踩在大地上的足迹，既充满力量又温情感人。当看到屏幕上出现喜喜奔波在乡村学校的纤小身影时，坐在台下的鱼儿，再也忍不住自己的情绪而泪流满面，泣不成声。如果你了解了鱼儿与喜喜是怎样朝夕相伴走过这四年的，你就会理解她为什么如此情不自禁了。

是的，朝夕相伴。这里的“朝夕相伴”远非人们通常理解的意义，它绝非形式，而是精神上的“朝夕相伴”。两个人隔着几百公里的距离，一年甚至都见不了几次面，却在每一天的每一分钟里都仿佛就在对方身边，全无空间距离感，向着共同认定的方向，同欢笑、共泪水，并肩前行。从早晨一睁眼，无须多说一句话，就开始做同一件事情；一天中，喜喜会无数次地提起鱼儿的名字：“鱼儿，任务又来了”“雷雷，这个资料你找鱼儿要”“硕果，问鱼儿”“娟娟，问鱼儿”“高老师，联系鱼儿”“蓝玫，传给鱼儿”……这可能是全世界最信任的一种同事关系了。

时间回到2013年的某一天。夜色渐已深沉，成都武侯区一所学校的教室里依旧灯火通明。窗户上映射出几个晃动的身影，隐隐有激动的声音从教室里传出，打破校园的静谧。童喜喜让鱼儿召集清秋、真爸、栎柯、韩帅、善待人生（后4位均是萤火虫义工）等7个人在这里开会。当喜喜向大家提出关于向100所学校各捐赠价值10万元的图书的项目构想时，小小的教室沸腾了，当即确定这几位萤火虫义工为这项活动的核心成员。回到家，鱼儿顾不上歇口气，打开电脑，建了一个“新孩子公益行”QQ群，把大家邀请进群。当晚，喜喜就安排大家开始了初步工作，策划具体的方案、设计申请表等等，大家马上行动起来，经过反复讨论、修改，最终确定了方案和申请表。

2014年6月1日，经过前期紧张有序的工作，终于迎来了“新孩子”乡村阅读公益行项目的正式启动，鱼儿和义工们在教育在线论坛和萤火虫各个分站发布了这个消息，开始招募100所乡村学校。接下来收到全国各地不同地方的申请表，第一期“新孩子”公益行邮箱就收到洋洋68万字的资料，而这仅仅是不到50所学校的申请资料，义工们开始了紧张有序的审核过程。喜喜要求活动在每个省都要覆盖到，因此，大家在海量的申请学校中甄选着每一所入选的学校。

就在陆续确认入选学校的同时，鱼儿和清秋提前联系好已确认的学校，童喜喜只身前往，开始了为期8个多月的“新孩子”乡村阅读公益行。

联系工作是庞大而艰难的。有一些偏远的省份确认不了学校，鱼儿就主动联系。例如：云南、西藏、吉林等等；同时还有一部分一线城市，例如：北京、上海、天津等等，为跟这些已确认或者正在确认的学校联系，每天要打十几个甚至几十个电话。有一次，鱼儿给一个已经入选学校的校长打电话，校长自己忘记了此事，以为鱼儿是骗子，他说因为学校比较偏远，急需儿童阅读书籍，前段时间刚刚被骗了。鱼儿耐心地解释，让他冷静地仔细地想想，自己的学校是否申请过这个项目，他说好像有这回事，然后说自己要先查查再给鱼儿回复。鱼儿答应等他电话，没过多长时间电话就打了过来，说他刚才误会了，谢谢项目组能捐赠价值10万元的书给学校。问书什么时候到，鱼儿告诉他我们不仅赠书，还赠一场由新父母研究所所长、著名儿童作家童喜喜老师的精彩讲座，这个讲座是很多地方花钱都请不到的。他一听到童喜喜几个字就说知道知道，自己的学生读过童喜喜的书。电话里，能感觉到这位校长发自内心的高兴。

很多像这样知道自己的学校被项目组选中的校长，在接到电话的时候，喜悦之情溢于言表。喜喜在去学校之前，鱼儿和义工们要提前与学校沟通好各种细节。要准备的事项有：一条横幅（为了给学校减少开支只是要求学校简单地布置会场），横幅内容为“‘新孩子’乡村阅读公益行+‘新孩子’标识 + 学校名称”；请学校提前跟学生父母沟通来听讲座——每天周而复始重复同样的话，更要不厌其烦地解释各种细节。一天下来，脸也僵了，嘴也木了，一句话也不想讲了。

在寻找合适的学校这个环节上，喜喜一直从严，要求大家一定要找到合适的捐赠对象，要做到雪中送炭，要把书送到最需要它的地方，送到最需要它的孩子们的手中，让这些书得到充分的利用，发挥它最大的价值。同时，由于喜喜不仅仅做“新孩子”乡村阅读公益行项目这一项工作，所以有时候安排好要去的学校，行程不得不取消，以至于有的学校问：到底还去不去，是不是取消他们的资格啦，到底什么时候能去……如何重新调整时间、制订计划，如何回复这些学校，都是煞费苦心的事，鱼儿却做得天衣无缝。

鱼儿从不提自己的辛苦与付出，只是一个劲儿地讲喜喜的故事。可是大家都知道，体弱多病的鱼儿在“新孩子”乡村阅读公益行活动中，多次累倒。在宜宾的研训营活动中，当前来报到的种子教师们得知签到台前坐着的这位姑娘是鱼儿时，大家惊喜地、亲切地喊道“这就是鱼儿老师啊，我要和你合影”。一位老师因为报名的相关事宜打电话回学校咨询，学校接电话的问是谁接待，这位老师兴奋地高声对着电话喊：“就是鱼儿，就是那个鱼儿，就是那个多次联系我们的鱼儿啊！”

是啊，就是那个鱼儿！就是那条无时无刻不游动在新教育这条河里的鱼儿啊。

说起冷清秋，太多人对她充满敬佩。福建省闽清县东桥镇中心小学的薛兴灵校长，说过这样一段话：“清秋，是我心目中一个了不起的、让我十分崇敬的人。2014年12月17日晚，我接到日月冲天的电话，说童喜喜22日要来我们学校讲座，具体行程安排要我们与一位叫冷清秋的义工联系，并把她的电话号码发给了我。那是我第一次听说清秋。日月冲天告诉我，她专职做新教育的义工，负责童喜喜外出讲座的联系工作。在童喜喜来我们学校做讲座的前几周，我几次拨她的号码，想问问情况，最后却没有拨出，因为想着她每天不停地为新教育接打无数的电话，忙碌得如陀螺转个不停的情景，我实在不忍心骚扰她。现在童喜喜就要来做讲座了，我急于了解讲座的相关细节，才下决心拨打了冷清秋的电话，在忐忑中，电话响了很久却没人接听。随后不久，日月冲天告诉我，我打电话那时，冷清秋正在为母亲办理住院，我的不安和牵挂渐渐在心头涌动。童喜喜讲座后，我又烦请日月冲天问候下，看看清秋的母亲病情如何，我牵挂好久了。我与冷清秋老师素未谋面，也未曾通话，仅有工作短信几条。但我对她敬佩得五体投地，这样的人才是我一辈子仰慕、尊敬和爱戴的，我真想能有机会为这样的人做一些力所能及的事。”

事实上，海量烦琐的联络工作、突如其来的变化导致的行程改变，都需要清秋一件件处理。工作的辛苦是一方面，在联系“新孩子”乡村阅读公益行项目中遭遇的各种不理解、误解、委屈更是数不胜数，都需要这位坚强的姑娘一一面对和化解。

从清秋记录的“新孩子”乡村阅读公益行日记，我们可以更多地了解项目进展和她本人这一年的历程。可以说，“新孩子”乡村阅读公益行活动的每一步都浸透了她的心血和智慧，几百个日日夜夜，清秋的心随着项目的进展、随着喜喜瘦小的身影而喜、而忧、而牵挂。

2014年8月3日晚，清秋接到喜喜的邮件，“新孩子”乡村阅读公益行招募100所学校的审核工作正式启动了。这预示着又一项大的活动即将拉开序幕，接下来又要进入紧张的“战斗”状态了。4日，进入审核，68万字的资料要在3天内拿出初审意见，然后再归纳、统一总结。一个巨大的挑战又摆在了项目组为数不多的几个人身上。

没有丝毫怨言，清秋和鱼儿开始认真仔细地从海量信息里整理出符合标准的部分学校。

8月21日，喜喜对清秋说，“新孩子”乡村阅读公益行工作有点滞后了，卡到你那里了，也不知是什么原因。而清秋想的是，这个月的培训太密集了，不知道喜喜的身体能否吃得消。童喜喜说，你只管放胆去做，我扛得住！

清秋加快了进度。她和鱼儿先要核对“新孩子”乡村阅读公益行申报学校的类别，是否是新教育实验学校。她们手头只有新教育各地实验区的名称，但有些学校所在地是实验区，不一定是实验校，所以需要一份各地实验区下属学校的名单，正要问喜喜，忽然想起她曾经说过，凡事要想办法去做，不是每次都要问她寻求解决方案。突然就福至心灵：想到了研究院的两个小姑娘，赶紧联系，顺利地拿到了2013年统计的所有实验校的名单，清秋和鱼儿就此初步核对出了符合“新孩子”乡村阅读公益行条件55所学校的所在地。

8月29日，清秋接到喜喜让整理河南“新孩子”乡村阅读公益行行程的邮件，清秋查找地图、做标记、测量距离，然后按照城市的方位安排了初步的行程和时间，基本得到肯定，只是没有考虑到一个实验区不能重复两场讲座这个环节，经童喜喜提醒后，清秋马上做了调整。“跟着喜喜永远都是这种节奏，忙碌充实，且可以在不同方面得到锻炼和成长。”清秋说。

喜喜终于正式启动了“新孩子”乡村阅读公益行活动。9月2日起，焦作4所学校；9月5日，安阳1所学校。基本行程已经定了，但是活动流程和路线规划以及行程安排都需要两天内整理出来。一切都迫在眉睫，但又有条不紊。经过这两年的历练，清秋养成了雷厉风行的性格，手脚麻利、思维清晰，能快刀斩乱麻。

11月13日，这是活动开始后相对轻松的一天，清秋也没让自己闲着，给山西运城和四川负责这次“新孩子”活动的校长打电话，确认行程时间，并把新的流程发给他们。接着给内蒙古一位校长回复邮件，邀请他参加“新孩子”活动。清秋把喜喜写的有关“新孩子”的内容补充到漫记里，留下文字档案。然后转发了几篇读者感言，接着就开始审核新的“新孩子”项目申报学校。真正、真心做教育、推广阅读的学校，字里行间透露着满腔的对“新孩子”乡村阅读公益行活动的热切期盼，但也不乏一些为得到10万码洋赠书而从网络上抄袭资料的投机之举。这批优质图书，是凝聚着喜喜心血的书籍，能够送到真正做教育、喜爱阅读的学校里去，才会发挥它的最大价值。所以，对申请学校的审核，清秋丝毫不敢马虎。

联系校方、安排童喜喜的行程，这都是清秋的日常，她乐此不疲。然而，项目进展并非想象中那么顺利，有时候会被质疑：“你们是骗子吧？天下有这么好的事吗，白得10万元的书啊？”每当这时，冷清秋就会感到非常委屈，不是为自己，而是为“新孩子”乡村阅读公益行项目、为童喜喜。还记得2014年9月2日，“新孩子”乡村阅读公益行第一站，清秋看到有人对“新孩子”乡村阅读公益行的误解，心中顿时涌起一种辩解的冲动。“你可以不支持，可以不参与，但我容忍不了对公益行的误解，容忍不了对喜喜的误解。”想着喜喜那瘦弱的身躯拎着一个行李箱四处奔波，肩负这样的重任，清秋流泪了。

委屈归委屈，清秋却从未就此放下工作。

2014年9月4日上午，清秋正在为下午的焦作行做准备，接到了母亲的电话。母亲病了，虽然知道女儿很忙，却还是忍不住思念，想女儿回来看看。清秋接完电话，眼泪默默流了下来。自从“新孩子”乡村阅读公益行项目开始之后，自己回家的次数越来越少，一个月都回不了一次，现在听到母亲生病的消息，清秋本就愧疚的心更加沉重，她思索片刻，转头跟鱼儿详细地交代好工作，匆匆赶去买了些药，回家看了看母亲，又匆匆离开了家。下午，清秋就准时出现在了焦作的会场，继续忙碌开了。

“新孩子”乡村阅读公益行在河北结束后，经过短暂的休整又要出发去山西和陕西，又是一番打仗的节奏。清秋打电话给张梅霞老师和木槿树，咨询当地学校的地理位置；给各位校长发活动流程；查找两省天气情况以便确定先去哪里；查找出行车次定时间；制作表格给喜喜敲定，然后告知学校并落实接送车辆……电话短信一番“狂轰滥炸”后，山西和西安行程基本确定，但不能确保没有变化，因为计划总赶不上变化。第二天起床后，清秋看到邮件里的“新孩子”乡村阅读公益行行程调整计划，直接去陕西，山西安排到16日之后，崩溃……但又在意料之中，没有一帆风顺的事情。在“新孩子”乡村阅读公益行项目历练中，清秋说自己的心态也在不断地调整，学会了处事不惊、冷静应对。

在“新孩子”乡村阅读公益行行程过半时，赠书环节开始推进。和出版社负责人接洽后，清秋开始梳理核对已经做过活动的学校的通信地址。11月29日，给40所学校发出核对地址的短信，大部分学校都能够积极配合工作，并表达了对该项目的赞誉和对项目组的感谢，但是有个别学校不仅没有基本的礼貌，更没有表达丝毫谢意，甚至在12月7日的二次短信联系时，竟然把清秋当成了物流公司的工作人员，更有甚者根本就置之不理。清秋说，这些情况的发生也说明了很多问题，对申请参加活动的学校的审核，一定要慎之又慎，坚决杜绝持模棱两可态度的学校！只有真正视阅读为学生成长之要务，并且愿意为孩子们的成长付出心血的校长，才是我们志同道合的朋友。

2014年12月22日，“新孩子”乡村阅读公益行圆满地走完了52所学校。清秋把所有相关资料整理了一下，剔除淘汰学校的资料，把52所申请学校的信息，按照活动顺序标号重新命名，压缩储存备案。根据区域分布表，把现有的已经审核过的学校和没有审核过的学校，以及目前还没有申请学校的省份，在区域表上做了一个整理，以做到心中有数。

46所学校的赠书都已配好装箱，只待发出。清秋短信通知了46所学校校长所要注意的事项。但还是因为经验不足而遗漏了几点，赶紧二次短信群发补充说明。安排妥当后，清秋和鱼儿感叹："沟通好难啊，但是我们已经做好了准备，确保万无一失。做事要胆大心细，思考要严谨缜密，遇事要冷静从容，不

洋溢着喜悦的笑脸

急躁，不懒惰，能做到这些，一定能把事情做好，继续修炼吧！”

2014年12月28日，难得的周末，清秋翻看自己这一年来的工作日记和工作记录，往事历历在目，真是累并快乐着，欣慰之情油然而生。她写道：“原来‘新孩子’乡村阅读公益行项目组一年之中做了这么多的事情啊！如果没有这些记录的话，单凭大脑回忆，感觉什么也想不起来了，看来工作日记是最好的时光见证。”

翻到2015年4月的某一天，正是“新孩子”乡村阅读公益行下半年活动安排的时候，看着那些密密麻麻的记录，一个场景浮现在清秋脑海中。那时，因为连续劳累，清秋的肾结石作怪，腰疼得无法站立，但她咬着牙坚持下来了。一边要让对方感到自己的温和大度，一边要忍着疼痛。现在回想起来，都不敢想象自己是怎么支撑下来的！

日记显示，下半年的时间排得特别紧凑，要赶在2015年5月20日之前结束100所学校的活动，且这半年又有两个长假（暑假、寒假）不能安排活动。虽然每天安排两所学校的活动，但还是因为有空当时间而受到了喜喜的批评，现在回想起来还有委屈的泪水在眼眶打转。但是当时，清秋没有任何怨言，还是真诚地接受了批评并顺利协调好了随后行程的所有工作。

在全国各地铺开的“新孩子”乡村阅读公益行活动，让清秋成长了很多，无论是做人做事，还是工作经验等，都让她切切实实得到了锻炼。

2015年1月6日，赠书发出后，突发问题接踵而至。获赠学校中有一所中学，校长担心赠送的书不适合中学的学生阅读，清秋向张蓓蓓编辑咨询后给予了回复。贵州一所学校因赠送图书的物流问题要出版社出面协调，经解释和沟通圆满解决。一个学校电话联系不上，导致物流和学校对接不上，清秋再次群发短信提醒各个学校，希望其他学校引以为戒，不再出现类似的情况。刚开始，清秋很诧异，怎么会出现这些匪夷所思的事呢？但是经过两天的沟通和反馈，感觉这也是情理之中，彼此都是陌生人，天各一方靠网络交流，追名逐利、物欲横流的社会大环境拉大了人们心与心之间的距离，人与人之间的信任感日渐稀薄。清秋希望这次活动不仅仅是捐赠图书，也希望通过这次活动能让人与人之间重塑信任和真诚。

2015年1月23日，张蓓蓓说赠书的任务就要顺利完成了，没有出现什么大的问题，比预期的要完美，清秋这才放心了。清秋又两次短信邀请接受赠书的学校加群，大部分学校都加入了，有些学校还上传了收到赠书的照片。看着校长们在群内晒着照片并且说着感恩感谢的话语，看着这些不同学校但是却洋溢着相同喜悦的孩子们的笑脸，清秋心里有说不出的幸福，几个月的忙碌终于见到了成效。这不仅是对“新孩子”项目组工作的肯定，也是对之前对这个活动持怀疑态度的人的最有力的回答。

“幸福来得就是这么突然，让你措手不及。只有心存美好，才会收获灿烂的阳光！”看着孩子们抱着赠书阅读的笑容，清秋感慨万千。

2015年3月14日，清秋陪喜喜辗转参加了两个学校的“新孩子”乡村阅读公益行活动，再次感受到了喜喜的辛苦，瘦小的她，蜷缩在车后面的座位上，半睡半醒；也感受到了两位校长对新教育的饱满热情以及对应试教育的无奈；更感受到了现场父母们那迷茫而又渴望的眼神！这些人太需要唤醒了，唤醒一个人也许就会改变一群人，改变一群人也许就会改变所有人，改变所有人或许就会改变整个世界。“任重而道远，需谦卑去践行。”这是“新孩子”乡村阅读公益行进行过程中，清秋最大的感受。

“新孩子”乡村阅读公益行行程一波未完，另一波行程已在策划中。沟通交流的邮件像雪花一样飞舞，查阅地图了解城市之间的距离确定先后顺序，敲定时间后才可以去搜索天气预报，确认天气后再查阅航班以及高铁时间，每一个环节都必不可少，每一个环节都环环相扣。经过近20封邮件的沟通，内蒙古满洲里—湖南—河北—山东，这波行程基本确定，此时已是深夜，担心给对方负责人打电话影响人家休息，所以，清秋给他们发了一则短信告知，欣慰的是收到了他们的回复。万事俱备，只欠东风。

2015年3月17日，后续“新孩子”乡村阅读公益行行程时间确认进行时，有的学校接到电话充满热情和期待，有的淡漠茫然不知所措。清秋说：“为了不错过每一个真正有教育情怀的校长，也为了剔除迫于现实而随波逐流的学校，所以对即将去做活动的学校又进行了二次审核，经认真研讨，终止了与两所学校的合作。其中一所学校还电话咨询终止原因，一所学校杳无音讯，更加证明我们的抉择是正确的。”

2015年3月26日中午12点左右，清秋接到云南王金萍老师的短信，一位申请参与活动的校长没和她联系，一位校长因任务重而放弃这个活动，这两所学校也与这件美好的事情失之交臂。这样的变化，在项目进行中经常发生。而另一件事，又让清秋感慨万千：魏河校长工作调动，与清秋小窗交代以后的工作，留下接任的负责人的联系方式，这种认真负责的态度，让清秋感动，即使不在一个频道，但是依然做着相同的事。

2015年4月27日早上，清秋送孩子上学后，刚坐到电脑前，就接到喜喜的电话，声音沙哑、还不时咳嗽着的喜喜，问清秋是否可以调整一下月底的行程，五一假期给她留出两天的时间，她可以做些别的事情。“她就是这样，从来没有为自己考虑过，除了工作，还是工作。”清秋给鱼儿说起此事时，后悔没有问候一下她的病情，叮嘱一下，但是转念一想，她为自己选择了一条“不归路”，只有拼着性命去做，我们只有默默心疼而无能为力。

清秋重新查阅了航班、车次以及各个学校之间的行程，时间太紧张，无论如何都给她节约不出半天的时间，只好邮件跟喜喜说按照原计划进行吧。平常的邮件都会及时回复的，但这次是清秋短信又提醒了一下她才回复。联想到早上喜喜一反常态不发邮件，而打电话，清秋明白了，她病了，而且病得很重，没有力气坐在电脑前，没有力气去打字，只好借助于电话安排工作了。想到这里，清秋就一阵阵心痛……

帮喜喜收录她写下的与“新孩子”乡村阅读公益行有关的微博，已经成为清秋的日常工作。每隔两天她都会系统地收录一下，尽管喜喜的微博，清秋每天都会关注，但是这样把和“新孩子”乡村阅读公益行有关的内容系统地集中起来，能更加全面地展示这个活动的进程、效果、喜喜为之付出的努力，以及活动中一些感人的画面。重温这些场景，清秋感觉自己身临其境。

2015年5月6日，“新孩子”乡村阅读公益行走进第87所学校所在地——西藏林芝。这个学校是清秋和鱼儿最担心的学校，因为海拔比较高，且喜喜刚好最近感冒，还在咳嗽，真的很担心她的身体，幸好喜喜邀请了杜涛主任同行，清秋和鱼儿心里才稍感安慰。飞机是北京时间8点20分到机场，因为有时差，9点多学校的姚老师打电话过来，说还没有接到，并且准备好了氧气。挂断电话，清秋的眼泪忍不住在眼眶打转。担心、恐惧涌上心头，清秋需要排解一下情绪，她需要让更多的人知道喜喜的状况，就把消息分享到了几个群里。

尽管转移了情绪，但清秋还是不放心，打电话给姚老师，发短信给喜喜，发短信给杜涛主任，当大家的回复都是一切还好的时候，清秋的心才算安了下来。接到姚老师短信报平安时，清秋心里只有一个冲动，想让姚老师转告喜喜，这“新孩子”乡村阅读公益行活动以后不能再有了……

当看到喜喜林芝学校活动后的微博更新，清秋和鱼儿悲喜交加，最担心的一个地方终于挺过来了。

舒缓了紧张的情绪，清秋继续打电话核实，安排云南之后的行程。因为5月13日只能从北京去吉林，所以12日河南的活动结束后必须回北京，洛阳回北京的高铁时间刚好合适，下午进行活动的学校就只能是洛阳了。协调好三门峡和洛阳的时间、顺序，继续联系吉林和辽宁，希望找到一个最适合走进这两个地方的最佳方案。几番电话沟通，两个学校的校长也都十分热情且真诚，互相商量接送地点，辽宁的张校长还答应结束后送喜喜回北京，满满真情，一腔赤诚。

2015年5月17日，“新孩子”乡村阅读公益行走进第98所学校——上海浦航小学，活动即将结束，清秋把喜喜18日的航班信息发给新疆承办活动学校的联系人屈总。新疆是最后一站，这意味着“新孩子”乡村阅读公益行活动即将圆满收官。

每天看着喜喜的微博更新，一起和她感受着胜利在望的喜悦，一起期盼着5月20日的到来。一路走来，有喜悦，有泪水，有惊叹，有震撼，其中的苦和累无法用语言表达，一年的风风雨雨又怎能用一个“辛苦”来形容？

2015年5月20日，选择在这一天做第100场活动，是因为“520”谐音“我爱你”吗？也许是有意选的这一天，也许是巧合，但这个活动的初衷不正是以“爱”为原点吗？

是爱，是具有悲悯情怀的大爱，促成了这件功德，这功德的圆满，更是生命的礼赞。

5月20日，是“新孩子”乡村阅读公益行100所学校活动结束的日子。清秋看着喜喜发的微博，心中五味杂陈，一种说不出的感觉涌上心头。

从第1所学校开始，就一直盼望着第100所学校的到来，每走过一所学校，就及时地把记录补上，并且在心中默念，又一所学校活动结束了，离目标越来越近了。伴着喜悦和汗水一路走来，到最后的圆满结束，猛然间，期盼快快收官的心情变成了依依不舍的眷恋。一年的相伴，俨然已经成了清秋生活的一部分，忙碌的日子一下子趋于安静，反倒使她不知所措起来。据说，一个习惯的养成需要21天，与“新孩子”乡村阅读公益行活动整整相伴了一年，看来已经不是简单的习惯了，它已经融为清秋生命的一部分。清秋说，是结束亦是开始，接下来会有更多的工作要做，但最初邂逅的美好必将是心中最美丽的记忆。

“我是一只小小萤火虫”

——萤火虫泸州分站

义工水湄

2013年9月，水湄的儿子上小学了，水湄欣喜地将儿子送到学校，那时的她万万没想到，在陪儿子踏上新的旅程时，她自己的人生也将迎来一次新的蜕变。

蜕变起源于一场相遇。水湄在儿子很小时，就非常注重培养他的读书习惯，因此，当她发现儿子的语文老师希希，在阅读方面有着不同寻常的理念和教育方法时，她惊喜万分，很快成为班级里最重视阅读最配合教学的父母之一。当时的希希已经是一位新教育的种子教师了，水湄的热情也很快引起了希希的注意。就这样，水湄与希希越走越近。2014年新学期，水湄跟希希一起参加了新教育萤火虫公益组织的义工培训，在那次培训中，水湄由一个专注于自己孩子阅读的母亲，变为一名带领一群孩子阅读的萤火虫义工，也是在那次培训中，她见到了最大的那只“萤火虫”——童喜喜。从此，水湄不知不觉地向童喜喜靠拢，她这只小小的萤火虫也慢慢地起飞了。

就是这样，萤火虫团队不靠夸夸其谈的吹嘘和拉拢，只是让有着相同理念的人相互发现，相互吸引，直至相携而行。

2014年11月，因为“新孩子”乡村阅读公益行项目，童喜喜要来泸州了。自打知道这个消息开始，水湄就完全处于一种焦灼的状态，因为她是一个上班族，年底工作比较忙，请假困难，所以看着其他义工们在群里热切地讨论着怎么和喜喜一起推动阅读时，水湄着急得不行，憋得说不出话来。

我一定要看到她！基于这种热切，在喜喜到达泸州的前两天，水湄终于和同事换班成功，请到假了！

水湄和另一名义工真真，两人当天凌晨5点就起床，然后心急火燎地赶往车站，嘿，车站居然还没有开门！待车站开了门，买了票，上了车，却又是无尽的等待，车要7点才出发，开到叙永县需要一个半小时，再转车到两河镇中心小学，怕是要迟到了，她俩的心早已经飞到了叙永。

好在班车很给力，没有抛锚没有堵车，叙永车站还有几个义工接站，终于见到了童喜喜。看着她白色如精灵般的身影，水湄的心突然就平静了下来。

童喜喜在叙永县和泸县的两场讲座，激情澎湃，魅力四射，全场鸦雀无声。水湄看到下面的学生、父母和教师，他们的眼睛都是亮晶晶的，很幸福的。水湄也听得热血沸腾。她不是教师，却恨不得马上就跟随童喜喜去做一个她说的“有种的”教师。

在泸县立石小学做讲座

从叙永县到泸县，时间很赶，两场演讲，两场跟教师们的交流，喜喜在泸州没好好吃一顿饭，她把所有的时间都用在推广儿童阅读上了，就连上飞机前的晚饭都没能顾上吃。

“这只最大的萤火虫，点亮了自己，照亮了我们，我这只小小的萤火虫，也要点亮自己，照亮他人。”水湄说，作为一名萤火虫义工，我要以最大的能量，照亮孩子们的阅读之路，带领孩子们一起飞翔。

义工奇巧

奇巧，与水湄一样，也是以学生父母的身份加入萤火虫泸州分站团队的。奇巧最早知道童喜喜，是她读到童喜喜所著《一年级趣多多》时。她第一次读到如此不同的教育理念、如此充满智慧又熨帖人心的文字，欣喜不已，马上上网查找童喜喜的资料，知道了童喜喜的事迹后，对童喜喜更加景仰。

9 月，新学年开学不久，孩子的班主任梁老师就开心地对义工们说：“知道吗，童喜喜要来我们泸州了。她要到全国 100 所乡村小学推广新教育，我们泸州申请的两所学校都成功了。”当时奇巧就激动了，恨不得马上见到童喜喜。而童喜喜的行程一改再改，终于在11月敲定了来的时间——11月20日在泸州叙永县和泸县做两场讲座。11月19日，奇巧和梁老师及另一名义工驱车到成都迎接喜喜。

到达成都赵家镇小学，喜喜即将开始讲座。趁把她的行李搬上车的时候，奇巧仔细打量了一下喜喜。瘦小的身材，一件白色长款羽绒服，没有一丝丝的粉黛，行李就一个拉杆箱和一个无纺布口袋，毫无违和之感。见到奇巧一行，喜喜主动打招呼："你们好！"反倒让奇巧有一丝丝的不好意思。"人家可是著名作家哟。"

在成都的讲座结束时已经是晚上6点多，匆匆吃过晚饭，立即驱车赶路，经过5个小时的车程，赶到泸州叙永已经是深夜11点，安顿好喜喜已是12点。第二天一早，奇巧、梁老师随喜喜一起到叙永县两河镇中心小学，喜喜做了一个多小时的讲座，讲座结束后又和两河镇中心小学的老师们座谈，直到12点多。紧接着吃过午饭，又驱车两个多小时来到泸县立石中心小学。喜喜没有多余的客套话，立即开始讲座。这时，奇巧才发现一整天除了坐车，喜喜都是站着的。喜喜的腰不好，这么长时间的站立，她的腰受得了吗？旁边不是有凳子吗？奇巧将她的担忧告诉梁老师，梁老师心疼地说："喜喜做讲座，从来都不坐的。"瞬间，那瘦小的身体在奇巧心目中变得那样高大。立石中心小学的讲座结束后，喜喜和老师们的座谈一直进行到6点，已经没有时间吃晚饭了，因为喜喜要在8点40分登上去北京的飞机，第二天又要飞往宁夏做下一场讲座和捐赠。

奇巧说，作为一个父母，听了童老师的两场讲座，深深感到孩子的成长、成才、成功与父母、老师是分不开的，童老师讲了印度狼孩的故事，说明没有笨孩子，只要用对方法，孩子都会成才的。孩子首先要学会做人，而阅读起着关键作用，"书是粮食不是药"，要注重培养孩子阅读的习惯，做好书架，并且保证及时填补书籍。

作为一名萤火虫义工，奇巧深知做义工的不易。"完全公益性质的新教育萤火虫推广工作，在这个物欲横流的社会，要让那些怀疑一切的人从不理解到理解需要一个漫长的过程。看到喜喜拖着瘦弱的身躯，奔波在全国各地进行新教育推广，让人钦佩、感动！我们作为萤火虫的一员，只有更加努力地做好新教育的推广工作，才能不辜负童喜喜的辛勤付出。"

“相信自己”
——萤火虫银川分站

义工王红花

宁夏银川市西夏区第四小学的王红花，是萤火虫银川分站义工。

农历十月初一。王红花说，这一天，西夏的天空比往日更可爱，天空明朗，空气清新，一切就像老天的特意安排，因为童喜喜不远千里的到来。

期盼已久的“新孩子”乡村阅读公益行终于来了，来到宁夏银川市西夏区南梁小学，沸腾的校园顿时静了下来，静得似乎能听到孩子们跳动的脉搏。王红花说：“孩子们渴求知识及父母渴望了解外面世界的眼神我无法用言语来形容，一切是那么真实、亲切，令人热泪盈眶。”

喜喜给孩子们带来了最好的礼物——“共读共行新孩子”专题讲座及捐赠价值10万元的童书。“如何阅读？凭什么读书？”喜喜的讲解深入浅出，没有华丽的辞藻却是那么实用。王红花的思绪随着喜喜的讲解时快时慢，时紧时松；情感随着喜喜的表达起起落落、高高低低。“我是个思想爱开小差的人，那时我却听得那么入神，以至于在十月寒天却没有感觉到寒意，有的只是感动、温暖。大脑不停地运转、手中的笔不停地记录，生怕一时疏忽落下了喜喜讲座的内容。”

喜喜对父母、老师和校长讲解了阅读的重要性，教给父母、老师们推动孩子阅读的方法，就像常丽华老师说的“发挥学生和老师的最大潜能”。教给孩子读书方法，关注我们的孩子，因为孩子就是我们的未来，而阅读是粮食不是药，阅读能决定孩子的一生，阅读滋养底气，思考带来灵气，实践带来才气。

读书使人明理，读书使人明智，读书使人聪慧。喜喜告诉孩子们从阅读中感受生活中的美好，向真、善、美进发，从而爱善向善。阅读不是说教，不是讲大道理，阅读是情感的陶冶、艺术的享受。读书要会思考，读其透以明道理、读其厚以增知识 。喜喜说读书不是越快越好，读书要思考，要咀嚼，就像牛反刍，才能更好地消化、吸收营养。孩子读完一本书，不妨问问孩子想到了什么，把想到的说出来，写出来。怎么创作，可以模仿、可以续编、可以主题探讨，这远比空洞的说教来得快、来得及时。

精彩的讲座让老师们深受启发，讲座一结束，有的老师赶紧围着童喜喜咨询，有的看着做的笔记陷入沉思，更有些老师开始了热烈的讨论，要开主题班会，和孩子们一起讲故事甚至排演舞台剧。

看着这一切，王红花也开始了新的思考。回想几个月的阅读推广工作，由于种种原因，王红花曾经有些茫然：要不要这样做下去，有没有必要继续做？童喜喜一番语重心长的话打消了她的顾虑。“谁都不是你的主心骨，你自己就是你的主心骨，静下心来去思考去做……”王红花突然间感觉有了方向，她要带着孩子们勇敢地走下去，正所谓“地上本没有路，走的人多了也便成了路”。王红花认识到：“原来我不是孤单的，不是孤单地行走在‘荒郊野外’！有这一群热爱教育的同人和我并肩同行，只不过我是蹒跚学步才迈开脚而已，他们一步一步扎扎实实地走在了前面，我需要的是一份耐心，一份坚持，一份思考。我是谁？我会成为怎样的自己？不脚踏实地地行动，永远不知道有何结果，只有边学边做才能成长。相信自己，做最好的自己。”

“痛并快乐着”
——萤火虫成都分站

义工韩帅

一次偶然的机会，韩帅遇到了新教育，成为新教育萤火虫义工，从活动策划、活动审核、活动开展，他全程参与了“新孩子”乡村阅读公益行活动。后来由于他带的班级进入高三，才逐渐减少了参加活动的时间。但是，对“新孩子”乡村阅读公益行，他有着特别的感情。

2013 年 10 月，韩帅在成都参加了主题为“阅读的力量”的新教育国际论坛，他的心里掀起了阵阵波澜。会后，童喜喜召集几位教师开了一个简短的会议，主要议题就是“新孩子”乡村阅读公益行。当时这一切只是构想，但仅仅是构想，也给了韩帅极大的震动：试想，价值10万元的图书，投放到1所学校，会有多大的影响力啊！

回家后，韩帅一直在心里琢磨、思考，想各种各样的方案。2013年他带高一，担任班主任、年级主任，各方面的事情纷至沓来，忙得不可开交。支撑他度过那个艰难期，并且全身心地投入到“新孩子”乡村阅读公益行活动的最大动力，就是他对阅读的深度喜爱和认可。

记得有一次要进行一次网上讨论，学校的网络瘫痪，手机也出现故障，怎么办呢？情急之下，韩帅跑到一家电脑店，店老板答应他在店内上网。在网上讨论中，喜喜和萤火虫们就活动的命名、分工等进行了探讨、安排，两个小时的时间不知不觉地过去了，坐在没有暖气的店铺内，韩帅的手冻得麻木了，双脚冰凉。等到讨论结束，他深吸了一口气，关掉电脑，站起来，才突然想起，晚饭还没有来得及吃呢！他走在大街上，饿着肚子，冻得发抖，心里的欢欣劲儿却一再高涨，这种“痛并快乐着”的感受没有经历过的人哪里能体会！也就是在那次讨论中，“新孩子”乡村阅读公益行活动，有了正式的名字。

按照项目组的分工，韩帅进入了学校审核组。面对的是一所所学校递交过来的审核材料。每一张表格都可以清晰地反映出一所学校的面貌，以及这所学校对阅读的重视程度。但是，想要在那么多的表格中挑选出理想的、符合要求的学校也不是一件容易的事情，因为需要做大量的信息浏览、过滤、对比。有时候长时间盯着电脑，眼睛花了，颈椎疼了，还是举棋不定。

有些申报的学校，其关于阅读的理念，远远不符合要求。因为阅读不应该是功利的，而应该是在正确引导下，自主、自觉、自省地去完成。只想到活动的热闹，就会让阅读推广变了味。

还有的学校纯粹是鱼目混珠，企图瞒天过海：信息严重抄袭，制作表格潦草……

不过，就是这样，在对一所所学校的审核中，韩帅更加清楚地认识到："新孩子"乡村阅读公益行活动就像是可以燎原的星星之火，它将会点燃一所所学校的阅读热情。韩帅满怀热情，向所在的学校进行了汇报，校长也是重视阅读之人，当即表示了支持。

那段时间，韩帅总是睡不安稳，半夜里突然醒来，再也无法入睡，独自凝望着卧室的天花板，想很多问题——我走的路是否正确？阅读给孩子们的生命带来不一样的色彩，让孩子们的精神世界充盈、温厚；但是，在高中阶段，孩子们在应试的压力下，对分数的重视超乎一般人的想象，这种情况下，孩子们心里是否有阅读？

韩帅刚开始在自己的班级里做阅读推进工作时，班里有的学生就投来鄙夷的眼光，这其中不乏一些十分优秀的学生。这些学生更愿意去多刷几道题，而不愿意耽误点滴时间阅读课外书籍。还有同事和领导的质疑：阅读对学生的成绩有多大的帮助，你能打包票吗？

“即便是我，有时候也会出现疑惑：我所做的这些会不会给同学们带来负面的影响？”

韩帅在内心默默地寻找着答案。

“新孩子”乡村阅读公益行活动的第二阶段，是童喜喜的重头戏。在短短的时间里，到了那么多地方，一场接一场地演讲；看着她发的微博，发的图片，看着看着心里的感动就油然而生。这么重的担子压在这么一个纤弱的女子身上，而她又要求的那么少，看着她风雨无阻、义无反顾地冲在前方，自己还能有什么顾虑、疑惑、彷徨吗？韩帅告诉自己，如果说自己觉得彷徨、疑惑，那肯定是因为做得不踏实，那就要想出改进的办法。在教室里，既能做好阅读的推进，还能保证学生的成绩变得更优秀，这不更有说服力吗？

也就是在这之后，韩帅的班级图书馆越办越红火，书增多了，文理兼顾，古今中外，学生们的自主选择权也多了，热情被调动了起来，班级的阅读氛围也按照预期的规划逐步形成，成绩自然而然也上来了。当然，这也离不开各科任课老师们的努力。韩帅心里的彷徨也逐渐消去，觉得找到了属于自己的自由。

韩帅说，他唯一遗憾的是，由于任教高中，他的班级不符合"新孩子"乡村阅读公益行的级段要求，最终同活动擦肩而过……"新孩子"乡村阅读公益行活动更重要的意义在于，它会引导更多的有识之士，去思考阅读在孩子们的生命里所起的作用，用行动探究阅读的意义，"新孩子"乡村阅读公益行活动，也最终会成为中国大地上一道美丽的风景！

“不二话，不妄为，不抛弃”
——萤火虫厦门分站

义工许美瑞

许美瑞，是福建省厦门市梧侣学校教研室首席干事，同时，她也是萤火虫厦门分站第一任站长、萤火虫义工。她用文字认真地记录下了“新孩子”乡村阅读公益行的厦门之行。

能遇到新教育并不偶然。2014年8月，我分配到厦门市梧侣学校。进入学校的第一天，新进教师都会接受“新教育实验通识课程培训”。虽然之前我们对新教育毫无认识，但由于有通识培训，有每月多层面的新教育理念分享，我收获很多，成长很快。

2014年9月底的一天，学校执行校长陈延芳老师找到我，说我们学校要申请建一个方便学生父母共同讨论、成长的QQ群，问我愿不愿意加入。我觉得建这样一个平台对老师和父母是很好的，便毫不犹豫地答应了，就有了接下来一系列的筹建工作。

我们申请了一个500人的QQ群，起名为“梧侣幸福站”，开始从各年级挑选有同样想法的父母一起做义工。犹记得，成立“梧侣幸福站”是2014年9月30日。开始组建“梧侣幸福站”的时候，只有几位老师和父母义工。虽然人数不多，但每个父母义工都是十分认真且热情的：做事严谨有条理的美莲、热情仗义的小丽、细心小巧的新花、有牺牲精神的代胜、善解人意的应会、豪气可爱的晓梅、端庄稳重的淑英……他们的参与，秉承着“不二话，不妄为，不抛弃”的梧侣精神，让我们的“幸福站”迅速有序地壮大，每天的晨诵转播、每周三晚上的讲座直播、每月积极地筹备线上和线下的阅读活动都有条不紊地进行。

至今，我还清楚地记得2014年10月18日，那是我们第一次线上阅读活动，虽然群里的父母还不太明白我们群存在的意义，但对于倡议大家共读《窗边的小豆豆》这本书，大家却异常热情地参与购书和我们线上的阅读分享。义工们在活动前做了大量的准备工作，首先自己阅读，不是仅仅阅读几个章节，而是读完全书，然后约个时间，大家在群里讨论，最后综合大家的建议列出需要解决的问题，让大家熟悉分享阅读的各个环节。线上交流也由我们父母义工做主持人。当晚，大家就《窗边的小豆豆》这本书一起交流，老师和父母们虽然在不同的地点，但对着电脑或者手机，都有同样的一份心情，那就是将书中的故事延伸到我们的家庭，真实发生的与孩子相处过程中的小故事，虽然各不相同，但让人感同身受，并从中发现了不少实际有效的家庭教育方式，大家都可以学习和借鉴。我们还约定，把10月18日定为我们“梧侣幸福站”的读书日，以后每年这一天，我们都要一起来纪念。

随着一次次的线上与线下活动的开展，我们被越来越多的梧侣父母们所知道、所认可，同时也让萤火虫总部开始关注到我们这个新兴的团队。2014年12月21日上午，“新孩子”乡村阅读公益行走进厦门市同安工业集中区核心地区梧侣社区，童喜喜老师为“新孩子”“新父母”们送来精神食粮，和新教育实验小学梧侣学校的教师、学生、父母代表、社区代表举行了真诚、热烈、有味、有趣的座谈，并热情地与学生代表进行了互动。

为了促成此次活动，我们“梧侣幸福站”的所有义工付出了很多的努力。由于我们是第一次接触这类活动申请，单单填写各种申请表，就花费了我们很多心血，虽然很多工作、材料我们平时都有准备，但“新孩子”乡村阅读公益行的各种表格要求与我们平时所填写的不大一样，加上我们几个负责的老师要么身兼数职，要么是毕业班的老师，父母义工们也各有各的工作，时间都不宽裕，我们只能挤出点滴时间来完成各种各样的申请表格。尽管申请的过程很辛苦，但想到童喜喜老师在一年内要走完100所小学，说苦，她比我们更苦。她身后的那群人，不也像我们一样，都是义工，都是身兼数职的吗？我们便静静地分工，有序地加班加点，没有半句怨言。譬如延芳老师，经常是在处理完学校管理事务后，再来审核我们的各种表格，经常忙到凌晨一两点才能休息。有这样的团队，我们又怎能不齐心呢?!

当得知我们的申请获得通过、童喜喜老师要来我们学校举办讲座的消息后，我们每个义工都十分地兴奋和激动，更加卖力地筹划活动必需的各项事宜：联系广告公司做签名幕布，联系同安区各级领导参会，为老师、父母、孩子们发放邀请函……一切都是头一遭，一切前期工作都有条不紊地开展。

12月20日，一切工作准备就绪，21日，童喜喜如期而来。她总是那么笑盈盈地，就像她写的童话故事书那样让人清新爽目。我们怕她舟车劳顿，本想让她到学校的心理咨询室（那里有按摩椅），让她坐在按摩椅上和我们交谈，但她却认为那样很不雅观，如果那样做就是对我们的不尊重，硬是和我们坐在一起交流，她细致地询问我们学校的阅读情况，关切地了解我们父母和孩子的亲子共读方式……

如果说梧侣社区的人们是阅读拓荒者，那么童喜喜老师就是一位播种者，她秉承新教育的理念，利用自己的童书系列，运用简洁、明了、生动的语言，结合自己的成长经历、学习经验、阅读心得，举重若轻地把读书之理、阅读之道、爱书之情传达给每一位与会者。台上娓娓道来，台下座无虚席；台上抑扬顿挫，台下屏息聆听。一颗阅读的火种，点燃一片阅读热情。座谈会上的真诚、坦率的交流与点拨，亲切的询问与倾听，更是赢得广大老师和父母的心。

童喜喜老师的讲座结束后，我们的父母义工刘小丽告诉我："听了童老师的讲座，我的内心受到了极大的触动。是童老师的讲座让我重新思考对孩子的教育。在今后教育孩子的路上，我一定给孩子做个好榜样，尊重孩子，努力为孩子创造一个好的阅读环境。”

一年级的叶进才老师说：“听了童老师的讲座，我受益匪浅。特别是童老师讲到的小学决定孩子一生的走向，使我更明确了自己在学生中开展阅读活动所肩负的责任和使命。不仅父母要与孩子共读，我们老师也要与学生共读，共同创建有浓郁氛围的书香校园。”

每个倾听者都有自己不同的感悟。专题讲座后，童喜喜老师还与梧侣学校教师代表、“梧侣幸福站”义工代表（教师3人，学生父母10人）又进行了1个小时的亲切座谈。

讲座中，父母代表、教师代表们积极提问，涉及的问题主要有“如何动员爱人共同参与孩子阅读”“如何与孩子重新建立亲子友谊”“父母如何提高自身教育水平”“班级如何开始阅读活动”等，童老师一直亲切地倾听，频频点头，逐一分析，耐心细致地指导，再次赢得老师和父母的心。

座谈会一结束，梧侣学校萤火虫工作站的义工们接着召开小组会，探讨如何开展下一步的阅读推动工作；如何让童喜喜老师带来的价值10万元的儿童读物物有所值，物有所用；如何更好地践行萤火虫“点亮自己，照亮他人”的宗旨……

自童喜喜带着“共读共行新孩子”阅读讲座来到梧侣后，我们“梧侣幸福站”的父母义工们深有感触，更加深信共读是与孩子拉近距离的一个最直接、最可行的方式。

2015年1月11日，一场名为“阳光宝贝，快乐家庭”的亲子线下交流活动筹备了大半个月后在梧侣学校开展。原计划是在大操场进行活动的，父母义工们还借来了跳绳的长绳和拔河的绳子。可是，早上7点多，提前做准备工作的父母义工们却意外发现天色暗下来，下雨了！所有义工几乎没有任何犹豫，共同作出一个决定——换场地。对于这群没有举办活动经验的父母们，这真的是个大胆的举动。但大家想到的只是，如果不换场地，活动根本没办法开展。所以马上又把刚刚搬到操场上的所有物品往教学楼的大会议室搬，大家甚至都来不及商量，也没规定谁去搬什么物品，谁去负责什么，但大家就是很有默契地把关于活动的物品尽全力往室内转移。我们的父母义工，真的不比那些训练有素的搬运工差呀。把自己手里的物品搬进室内，马上往出走，接过其他人手中的物品，循环作业，做得是那么自然。没有人觉得自己多做了吃亏了，没有人计较自己比别人出力多！这种大家庭，亲人般的感觉，真的很好。

父母义工们还自发地筹集活动经费，购买共读图书、表演服装，亲子共读共演等，分工明确。很多父母义工还给自己的孩子也报了名，让孩子体验小小义工的责任和快乐。譬如做小主持人，接待父母、孩子，维持现场秩序……孩子们被安排了任务后，很有信心，也很有主人翁意识，他们都愿意成为爸爸妈妈的小助手，而不是在旁边干坐着，而且任务都完成得非常出色，爸爸妈妈也因此看到了孩子们独当一面的能力。在“找妈妈”游戏环节中，在揭下眼罩的那一刻，孩子们深情地投入到爸爸妈妈的怀抱中，并勇敢地张开嘴说出了平时说不出口的话：“爸爸（妈妈），我爱您！”孩子们哭了，父母们也哭了。这是幸福的泪水，因为他们在这一刻感受到了平时被粗糙的生活所忽略的爱！

4月12日，第三次线下阅读交流活动，同样令人感动。这场活动几乎没有老师参与，全程由父母义工们来策划和筹备，他们总结了前两次活动的经验与教训，互相提醒着不要遗漏哪些细节等。活动前一晚，大家仍聚在一起商议如何将这次活动办得更好。要创新，要力求每一次的线下活动都不一样，单单主持人的排练，就彩排了三次！而且此次的主持人大胆地让小朋友来担当，大人们只做幕后工作，这又是一次新的尝试。

我们还在学校内首次推出了“新父母讲故事”的活动，让父母们利用每周五班队课的时间，走进学校，走进孩子的课堂，给孩子们讲述一则则生动有趣的童话故事，让他们通过听故事，学会为人处世的道理，发扬我国传统美德。孩子们因此对每周五都十分期待，不断地猜测：接下来，会不会是我的妈妈（爸爸）来学校讲故事呢？

童喜喜老师赠送的那批书也充分派上了用场，作为“新父母讲故事”的赠书，作为孩子们平时上阅读课的共读书籍。

对于父母义工而言，听完讲座后，对孩子的教育方式方法更是发生了翻天覆地的变化。譬如小龙的父母，更加喜爱阅读了。小龙的妈妈说：“童喜喜老师的演讲非常精彩，印象最为深刻的一句话是，‘家里可以什么都没有，就是不能没有书架’。多么朴实的一句话啊！我深深地记住了！回到家第一件事就是布置书架。”于是，她家里不光多了一个书架，她还在书店或者网上购置了很多适合自己和女儿阅读的书籍，并带着女儿成为梧侣文体中心图书馆的一名志愿者，天天徜徉在书海里。

她还告诉我这样一件事。一个偶然的机会，她读了《斯托夫人自然教子书》，深有感触，她说："我有很多想法，唯一想说的就是，不是自己的孩子不优秀，是我们不懂得教育……"是的，我们的父母们总是更在意孩子的成绩，而忽略了孩子为何会有不一样的成绩。孩子成为怎样的人，其实跟父母、成长环境有很直接的关联。通过阅读，她明白了教育好自己就是给孩子最大的教育。她不单单自己读这本书，还把这本书推荐给其他的父母义工，跟他们进行阅读分享。小龙的父母每次阅读分享，都有新收获。当然，受益的不单单是小龙的父母，其他义工也在一点点地改变。我们看到他们从第一次上台发言的紧张和颤抖，到现在的自然大方；从第一次线下阅读活动时的不修边幅，到现在整齐靓丽的打扮……这些，都是他们的点滴变化和进步。父母都如此努力了，看在眼里的孩子们，又怎甘落后呢？父母的榜样作用就像是一缕阳光照耀着孩子的内心，温暖着他们，也指引着他们前进的方向……我们清楚地发现"梧侣幸福站"的孩子们从一开始的害羞窘迫，到现在勇于上台发言，尽情地挥洒着自己的才能和个性。

最令我感动的是，加入这个群体的父母越来越多，他们甚至不再满足于每月一次的线下阅读活动，他们自发自觉地约好时间，带着自己的孩子聚在梧侣的文体中心，然后由一个孩子的爸爸或妈妈带头给所有的孩子讲故事或者表演节目。围成一圈的孩子们眨巴着他们闪亮的小眼睛，盯着妈妈或爸爸听故事，小脸儿兴奋得发光，爸爸妈妈脸上也是神采飞扬！

喜喜老师和萤火虫总部也一直关注着我们，让我们“梧侣幸福站”从“厦门预备分站”转为“厦门分站”，并开设了“厦门2站”，从而可以接纳更多的人，让厦门其他学校的老师与父母都能参与进来，感受我们新教育的熏陶与阅读氛围。越来越壮大的队伍，需要的义工数量越来越多，更多的父母参与了进来，成为带动孩子阅读的榜样。我们经常看到父母们在群里分享和孩子共读的照片或者心得，点点滴滴，记录的都是我们一同成长的印迹。

与“新孩子”乡村阅读公益行相遇的缘分，使我们受益，使我们彼此珍惜。在我们“梧侣幸福站”群里，我们是彼此的哥哥姐姐，有困难大家都一起帮忙解决，孩子们也融洽地玩在了一起。在我们的“梧侣幸福站”还只是厦门的预备分站时，我们的14个义工已经把“梧侣幸福站”当成自己成长的另外一个家了！感谢萤火虫大家庭让我们这群小萤火虫就这样闪着微弱的光芒，聚集在了一起，也希望借这萤火之光，点亮乡村教育，使乡村教育散发出更加耀眼的光！

萤火虽微，生命之光

“新孩子”乡村阅读公益行项目的成功，离不开幕后的英雄——新教育萤火虫义工。他们在乡村的每一个角落，默默无闻地支持、支撑着活动的一路前行。

就拿一件看似简单的小事说吧：每所学校的公益行活动结束后，萤火虫义工都要对学校进行采访，采访校长、采访教师代表、采访父母代表，看似简单的工作也是困难重重，经常是电话、短信、QQ 齐上阵，有时还跟学校联系不上，因此鱼儿和清秋在跟校长联系好相关事宜以后，都会跟校长强调：要安排老师和父母一起来听讲座。每一个学校都会受到萤火虫义工的采访，采访结束后，义工将采访资料整理好发给沁心荷老师，然后由她整理后发给中国网适时报道。像这样的事情真是太多太多、不胜枚举，可以说，“新孩子”乡村阅读公益行项目所走的每一步，所经历的每一个环节，都离不开萤火虫义工们的协助和支持。

2016年4月20日，在四川宜宾举行的“全国新教育种子教师第四届研训营”的培训讲座上，童喜喜谈到这些萤火虫义工们，充满感激和感慨：

“新孩子”乡村阅读公益行，这个活动现在正在继续，去过的100所学校，我们现在正在跟踪，所以有时候我感到非常骄傲，不是为我自己一个人。说实话，如果没有整个新教育团队，尤其是以种子教师为主体的这些萤火虫义工的帮助，你们可以想象一下，靠我一个人不仅组织不了这样的活动，而且无法坚持下来。

在我背后有那么多人，我不能丢了他们的脸。他们不断地给我打气，我也不断地往前走，就这样走了过来……说句实在话，如果我之前知道这个活动这么艰难，可能我不会做。可是活动开始了，当我发现这么艰难的时候，我同时发现有很多的伙伴跟我在一起。因为当我走进100所学校，面对那么多困难的时候，我作为一个作家，我能坦然面对；而我们的老师，他们去跟踪服务的时候，他们遇到的冷漠，受到的挫折，肯定比我多，这让我感到非常痛苦非常伤心。这就是现在的中国乡村，但我相信这不会是将来的中国乡村！所以我们完全可以从自己过得幸福开始，为更多人的幸福努力。现在可以说，我做‘新孩子’乡村阅读公益行，我是幸福的……”

蛍火虽微，却是生命之光。童喜喜、飕风、鱼儿、清秋以及所有萤火虫义工，还有那些积极配合和支持“新孩子”活动的学校、老师和父母，那些给予“新孩子”项目物质和精神支持的各界社会团体和个人，不都是“点亮自己，照亮他人”的萤火虫吗？这些或闪亮或微弱的萤火之光，为了一个共同的信念聚到一起，照亮了整个“新孩子”的漫漫征途。

附录一

生如萤火／童喜喜

缘　起

2013年10月9日，在一封商量我的新书出版的邮件里，我给编辑写到了一件事——

我准备在明年进行一个活动。

名称："新孩子"百所乡村学校公益行。

内容：第一，由我到学校开展阅读公益讲座；第二，由我带领的新教育萤火虫团队提供后续的教育公益服务。

要求：乡村学校的校长填写申请表格邀请。新教育萤火虫团队审核通过即可。

规模：100所。

目标：以推动阅读为手段，以公益的形式，通过讲座点燃、团队跟踪服务的方式，助推乡村教育发展。以活动促进家校之间的互动，帮助学校成为乡村的文化中心，从这样的点滴行动开始，通过长期关注与联络，以求逐渐改变乡村的文化。

……

中国的学校，悬殊的确太大。好的极好，差的极差。有很多图书资源，表面上是流向了乡村，但其实毫无价值，因为在乡村里没有真正懂书、爱书、推动阅读的人。又有很多学校里有一筹莫展的有心人苦恼着，想推动阅读，却老是疲于奔命不知如何开展，学生父母又缺乏基本教育常识，反对课外阅读，最后毁掉的还是孩子。

尤其那些非江浙地区，真的是令人扼腕。

如果二十一世纪出版社能够一起来做这个活动，我希望能够一起探讨一下，如何把这个活动做得更纯粹也更丰富。我是把自己视为二十一世纪出版社的一员，在公益行动、阅读推广上进行一次探索，是一起用心地合作，认认真真、仔仔细细地做一件事情，而不仅是做一个宣传。

6天后的10月15日，我收到了回复的邮件："公益活动我们大力支持，您列的费用情况没有问题，所需要的资助我们也尽量帮忙。另张社长说我们社可以给每所学校捐助10万码洋的图书，共1000万码洋，也算是支持您的公益行。”

回复我的人，就是我新书的策划编辑、二十一世纪出版社副社长林云老师。

就这样，“新孩子”乡村阅读公益行计划正式启动了。

后来，我在做题为《共读共行新孩子》的系列乡村公益讲座结尾时，会对所有听众说这样一段话——

我写了一套《新教育的一年级》的书，这套书出版时，我捐赠50%稿费、出版社捐赠50%利润。我一高兴，就对出版社说，我一直想去乡村推动阅读，想做一个这样的公益活动。结果，这个二十一世纪出版社的社长张秋林先生，在此之前我就跟他见过两次面，都是在饭桌上见的，两次见面加在一起说话不超过十句，他派一位编辑来找我，说：“童喜喜，我们负责你乡村阅读公益行的所有费用，并且，我们为每所乡村学校捐赠10万码洋的图书。”这就是这样一场全国大型公益活动的缘起。你们能够相信吗？如果你们在什么媒体上看到这些，你们肯定不会相信。但是，我此刻站在你们面前，我要告诉你：这一切，是真的。

之所以要坚持诉说这些，固然是我心中充满着对以张秋林先生为首的那些幕后付出者的感激，希望听众感受到还有无数心怀温暖的人在惦记着他们，更重要的是，这两年来我异常真切地感受到：每一点真实的美好，都是一份饱满的希望。它最重要的价值并不是温暖现在，而是坚定地指向未来。

绝望，是乡村真正的死亡。当一群又一群人背井离乡，宁肯在城市里无法扎根地长久漂泊，也不愿回到乡村，这意味着人们对乡村未来的绝望。而轰轰烈烈的城镇化，真的能够让中国摘掉农业大国的帽子吗？城镇化究竟是让乡村变为如今的城市，还是可能会让乡村变为更美好的乡村？

一切尚在博弈中。人不是神，没有任何一个人能确切知晓明天。甚至于面对这样的繁复与庞大，还没有历史的石头能够供如今的人们摸着过河。

但是，起码我们可以保有对未来的希望。

阅读正是廉价又高质地把希望变为现实的最好工具。

遭　遇

后来，人们发现这一次的“新孩子”乡村阅读公益行活动，我是只身一人前往的时候，纷纷表示奇怪，甚至用震惊来形容。

在旁观者这样的奇怪与震惊中，我才逐渐明白旁人的想象：这样的一路、这样的我，肯定、应该会有助理陪我一起。

否则，一个人长期出差，拖着行李赶路已经很辛苦；每一场活动意味着我要对学生父母、教师做起码两个小时的讲座；况且，为了赶时间，很多时候是一天安排两所学校，意味着我一天中仅仅说话就要近5个小时；更别提我一度腰伤严重，坐立两难，热水袋不离身……这样的工作，我怎么可能一个人完成呢？

我偏偏就这样只身一人，走了这一路。

我从没把自己视为需要帮助的人。恰恰相反，几乎一直都是我去帮助其他人。所以我从来没想过，自己还可以有助理。

活动真正开始，我很快尝到了体力极度透支的苦头，尤其是去年腰伤厉害的10月、11月、12月那3个月，实在难受。那时我曾经考虑过助理的问题。因为我发现我花的费用比出版社给的预算少得多，可能会少一半。可我想来想去，最后还是没敢提出这样的要求：我自己花钱是一回事，我明目张胆增加助理所需的费用是另一回事。万一出版社不高兴了，不愿意捐赠图书，那我怎么办？那我到处承诺过的，岂不是变成了骗人吗！就这样以小人之心度君子之腹地思来想去，我还是决定自己忍一忍、撑一撑，努力挺过去。

就这样，我也以为我一个人会撑不住。

可是，一次又一次地使劲撑一撑，就这么真的一个人走下来了。

但我其实也不是一个人。

先后有19人加入“新孩子”乡村阅读公益行项目，承担了一系列事务：对申报项目的学校进行审核，对活动行程进行考察，对活动安排进行协调，对参与听众进行访谈，对活动资料进行收集整理，对出版社赠书工作进行联络确认……19人中，除了5人是新父母研究所专、兼职工作人员以外，其余14人都是义工。

如果不是有项目组的这些伙伴，活动根本无法开展。

我去过的多数乡村学校中，无论这些学校是我此前曾经去过的还是完全陌生的，我见到的人中，有的是我交往多年的老友，更多是我初次谋面的新朋，可他们都给了我一份最为真挚炽热的喜爱。我不能用“喜欢”而只能用“喜爱”形容这些人对我的情意。他们待我，竟如久别归家的游子。

如果不是能在活动中见到这样的新朋老友，得到他们的助力，以我的性格，绝不可能坚持做完公益行。

更别提“新孩子”乡村阅读公益行项目的最大特色与亮点，不是我的100场讲座，而是团队跟进的3年服务。新教育萤火虫团队将会在讲座以后的3年中持续跟进，与学校一起努力，把老师培养为具有专业水准的阅读推广人，从而让学校书香弥漫，进而成为当地具有影响力的文化中心，辐射周边学校甚至地区。

如果没有新教育萤火虫团队的伙伴，我根本不会组织这场声势浩大的活动。我可没兴趣像大风一样把100粒种子刮到山坡上，然后就人种天收，在干旱、洪涝、虫害、鸟啄等危险的环境中成长。正是因为公益行之前就有了成熟的团队，我才摩拳擦掌，要对种子进行滴灌，旱涝保丰收。

萤火虽微，却是生命之光。我和我的伙伴们，都深信心为火种，都希望努力、尽力帮到更多人，使其人生绽放应有的光芒。

当然，哪怕有这一切，仍然没有想象中那么容易。

征　　途

按照项目计划，我将在一年365天之内，走进100所乡村学校，平均每3天一所学校。

事实却是“三不办”：寒暑假、国庆中秋等法定节假日，活动不能办；天气冷，活动也无法举办；第三条是因为乡村条件有限，活动很少在室内办，一般都在室外的操场上进行。

除此之外，还有一些我必须参加的活动，也在鲸吞蚕食着我的时间。

为了能够按照计划，在一年之内完成公益行，我发了疯一般拼命往前赶时间。

很多日子，我是这样度过的：一天之中，早晨在一座城市，上午讲完；中午坐车去第二座城市，下午讲完；晚上再坐车去第三座城市准备第二天的讲座。

这样的日子固然累，可累得见成绩，剩余的学校在一所所飞快减少，还算是幸运的。又累又难的，是那些偏僻的地方，在坐飞机到达城市后，还需要坐汽车近10小时，甚至10几小时，才能赶往一所学校。讲完一场，再千山万水地返回。

我最深切的体会是：中国真大。真的太大了。

我更真切的体会是：公益行是一面镜子。所照出的，不仅有地理上的远近，还有阅读现状的奇观，更有微妙的世态人心。

有一所学校，在批准成为项目学校之后联系组织活动时，对方说，校长换了，不再做这个活动了。

有一所学校，校长在联络中一直没有回过项目组的短信。打两次电话都不接，第三次打通了，对方说，近期不打算举办这样的活动了。就把电话挂了。

有一所学校，由一位教育局局长推荐参加本次活动。学校看过我们发去的活动信息后，偷偷联系我们说，他们的校长是轮换制，现任校长再做一年就要调离，担心今后活动做得不好被曝光，决定不参加活动。

有一所学校，全校学生不到700人，只安排200位一年级学生父母在阶梯教室听讲座。项目组提出，希望全校学生父母都参加讲座，以便尽可能扩大影响。对方问："你们想让全校都参加，除了扩大影响之外，是不是有什么其他目的?"

有一所学校，等我们的活动全部安排完毕，校长的态度突然从支持活动变成不愿参加活动，又变成要我们继续举办活动。因为推荐人就在该校任教，考虑到保护推荐人，我还是照常去了。我希望我的行动能够影响到这位校长，我甚至很自信：他听过我的讲座就肯定会改变；哪怕见到我，也会有所不同。那一次，我凌晨2点赶到当地，上午8点到11点举办活动，12点午餐后离开。活动开始，我才知道自己的想法有多蠢：不仅学校邀请的听众非常少，而且自始至终我就没有见到这位校长。活动结束，我听到该校的两位老师闲聊，其中一位说，校长上午来学校了，在办公室坐了一会儿，走了。

有一所学校的一位校友向母校的校长推荐了这个活动，校长也拒绝了，理由是：怕遭骗子骗……

更别提在活动的各个环节，各种人等所呈现出的人性幽微处。

尤其是：我特别、特别、特别害怕见到陌生人——这一点，从未改变过。

是这个性格，导致我从2003年出版第一部作品到2008年的5年间，拒绝接触任何外人，更拒绝所有媒体的完全“隐形”。

只是，我并不把是否第一次相见，作为判断熟悉与陌生的唯一标准。当我感觉到与对方的心灵之间没有距离时，我就会瞬间亲近甚至亲昵起来。

因此，见到陌生人，尤其是与陌生人近距离接触，对我来说是一种非常大的挑战。比如，我曾与另外两个人同乘一车，听到两人“旁若无我”地大声交谈：“她就是那个、那个叫什么的作家吗？”“对，好像姓童。”这样的时刻，我想，换了别人也许不会有什么问题，但我真的感觉特别痛苦，真的是难受至极。类似的时刻，我就会在内心分裂为两个我：一个痛骂自己太矫情，另一个极度渴望跳车离开。

我太累了，真的太累了。

好几次，我哭着走出家门，不停地说“我不想出差”，不停地擦着眼泪，一张脸因为睡眠太少、哭泣太多而变肿，就那样走上征途。

现在想来，最让我自豪的是：在任何时刻，哪怕是在我抱怨的时刻，我从来都没有想过中断这场活动。

“新孩子”乡村阅读公益行已经成为一个链条，我只是其中一环。太多人都为这件事付出了努力。

“新孩子”乡村阅读公益行实在太美好。这是一件我承诺过的事。这是我主动承诺的事。

所以，“新孩子”乡村阅读公益行可能会遇到各种意外，但无论如何，我绝对不会让美好的链条在我的这一环断裂。

除非我死。

共　生

“新孩子”乡村阅读公益行，一半是海水，一半是火焰。

有一次，为了和朋友联络云南省的公益行学校选拔，我写过一封长信，介绍我在两所学校的经历。

那两所学校，我都是第一次去。在那之前，我从来没有见过两所学校的任何人。

第一所学校的吴校长，对我、对我们团队的所作所为如数家珍。去年8月，我写的《喜阅读出好孩子——中国孩子的阅读问题》出版后，他给全校老师一人发了一本。

吴校长邀请他的校长朋友一起来听讲座。

最远的是永城市的王校长，他带着十几位老师开车100多公里前来，并送给我他出版的书和他自印的小册子。那小册子里的最后一篇，居然是他写的一首小诗《写给喜喜》，时间是2011年7月。

最近的是李校长，吴校长告诉我，李校长是校长朋友中他最谈得来的。我一见面发现李校长眼熟，她说2011年就专程到郑州听过我的讲座（果然是见过面的），这次听说我来就又来了。

第二所学校的李校长邀请了县教育局局长和主任来听讲座。局长在致辞中对新教育表示热烈欢迎。主任听到中途请假走了，局长说："你走，我听完。"

后来，李校长告诉我，在他记忆中，局长是第一次在这样的活动中全程参加。

李校长一再问我，如何加入新教育？并且在我有联系方式的情况下，又给我一张名片，叮嘱我别忘了。

后来，李校长对"新孩子"乡村阅读公益行活动留言评价道："不仅是方法的指导、资源的支持，更是理念的提升、激情的点燃。"

在100所公益行学校中，绝大部分活动现场会有李校长这类情况。

我不知道，我的描述能否让人们感受到，我遇到的这些人有多疯狂。

我之所以能够认识他们，是因为他们需要我。

所以，不是我发现了他们，而是他们发现了我。

所以，并不是我点燃这些人，而是这些人的激情在点燃着我。这些人疯狂地热爱阅读、热爱教育。

我正是借由他们这样倾注着热情的信任，借由这种炽热温暖与滋养，才成为今天的我。

我原本并不是教育中人，是因为遇见这些人，才有了今天的我。

回报给这些人的，是我智商不够但是足够真诚的投入。

外人知道我捐赠稿费多少万的信息，只是其次，我更大的捐赠是大前天我睡了5个小时、前天我睡了4个小时、昨天睡了近6个小时——这样的生活，不是这几天，是自从我专职做新教育义工之后一直如此，持续4年。

我并不以此为荣，因为我觉得这样的生活是不正常的。我喜欢平常的普通的幸福。

但我也不遗憾。

毕竟，这几年是我成长最快的几年。2011年以前，我每天至少睡9个小时。如今，我看见了此前懒散人生从未见过的风景。

我自豪于再累也没有想过要中断活动，不是我对自己的坚持自豪，而是对我这一路的遭遇自豪。

我有时候忍不住，真的忍不住会想：我是何其有幸，与这样的一群人相逢！

越是对世界有着更加深入的了解，越是能看见黑暗的一面，我越是忍不住会想：我是何其有幸，置身于这样的光明之中！

这才是真正的公益行。

一路的精彩，我的收获，远远地、远远地、远远地超过了我当初的预期。

也是因为这样的相遇，我们公益行的后续跟踪才会取得可能的效果。正如这两所学校的校长不约而同地告诉我：他们对公益行有两个欢迎，一是期待我来做讲座，一是期待我们的后期跟踪服务。

我隐去这两所学校的名称，是因为时间与篇幅，都无法让我写出那些所有给我留下烙印的相遇，所有那么多美好的人。

与君初相识，犹如故人归——只能用这句话来形容。

2014年12月22日，我走进了第52所乡村学校。

那天是冬至，是2014年的最后一场公益行活动。当地正好连续下霜第5天，冷极了。凳子摆在操场上，转眼就是一层冰冷的白霜，学校安排人用抹布擦，擦完之后不一会儿又是一层。

学校处在群山的怀抱之中。矮矮的围墙，听众一半坐在围墙内，一半站在太阳下。我站在高台上，在楼房的阴影里。恰逢每个月最怕冷的那几天，我加穿了一位老师借给我的毛衣。

还是冷。冷。真冷。

室外活动两小时下来，我只觉得头盖骨都冻得硬生生地疼，脖子后方又冷又痛又硬。冷得我嘴巴无法正常地张合，演讲中有一阵子说话就像大舌头一样。

是什么驱逐了这样的寒冷呢？

在第52所乡村学校做完活动的当天晚上，我返回了。那天深夜，在从机场回家的车上，我收到一位老师的邮件。她是一位加入新教育种子计划公益项目的种子教师。正是她向学校推荐了这场活动。

喜喜：

你回北京了，此时此刻，你坐在回北京的飞机上，我就这样坐在电脑前一个人痛哭着，我都不知道自己为什么哭！因为我不是想你，也不是舍不得你走。听着《影之翼》的歌，我的心、我的魂不知道在哪儿，早上，我想好了要说什么，我还是转移了话题，要不然我会像此时一样情不能已。你希望我离开种子的队伍，我也想离开，我也希望你离开。你在想为什么要遇上我们这群人的时候，我也在想我为什么要遇上你，你们。如果我被新教育“骗”了很冤，那你就是窦娥，我们就这样傻傻地、心甘情愿地“被骗”着，我们喜欢就这样“被骗”一生。我们没有豪言壮语，没有伟大理想，我们也不是为了建功立碑，我们是为啥呀？我们不需要说，我们都懂彼此为了啥，为了证明自己的一颗心是跳动的，为了那一双双明亮的眼睛。不管别人会不会懂，我们种子懂，我的两个义工也懂，她们也是不需要我说“谢谢”的人，她们都知道我们的心，都知道那不是什么伟大的梦想，只是为了一间间教室，一个个孩子。出书，发表文章，对于我们种子来说，我们都不是冲着这个去的，我言说只是为了吸引更多的人加入我们这个队伍。

其实在微博中发的东西，没有矫情。一个学期，我都惦记着这件事，临近的一个星期，心头都压着这件事。校长让我一遍一遍地改，我表面上发牢骚，其实内心是很高兴的。周末的两天，真的就像在等一位恋人，每时每刻都在惦记着，周日那天，都不知道看了多少次时间。想打电话，不舍，因为你讲的话太多了，爱讲的，不爱讲的，都要不停地讲。发短信，也是一种骚扰，因为你每天让大脑空闲的时间没多少。所以在等你时，我拿出手机又放进口袋。接到你的电话我一番自责，本应是我拨电话的。两天时间，一想到见到你的情景，我的泪水就来了。真的见到你了，在自责中，我终于没哭而是笑脸相迎了。

偌大一个学校，几十个同事，十几二十年的相处，说来真的很奇怪，感情居然抵不上只相见过四次的你。你信我，就像我信你；我懂你，就像你懂我；你“骗”了我，就像我“骗”了你。

想着你瘦小的身体没日没夜地东奔西走，我就心疼。你的内心是那么强大，虽然年龄比我小，被鼓励的却是我们。四川那个老师走了，你痛哭，紫藤老师的爱人去世了，你伤心不已。在外人面前夸你有多伟大，多无私，其实在我内心深处，更想说你是多善良。看着你为四川漂流遇难的老师（对不起，我把名字忘了）痛哭，我在心里偷想：要是我死了，喜喜会这样哭吗？我回答自己：会的，一定会的！我把这件事说给了我的家长听，懂我的家长也哭了。他们知道喜喜是个善良的人，在做一件善良的事。

看着你留下的红枣、药膏贴、酸奶，泪水不能停。此时滑落的泪水，没人能懂，连我自己都不懂。送给你的红菇，在我这里是补品，要记得吃哦。不许你送人，是因为你吃的时候也会想我的！要不我一个人单相思太不划算了！

信写完了，你快到北京了吧。

冲天

2014年12月22日

我用手机在车上看了一遍。

泪流满面。

完全不是甜蜜，而是一种近乎痛恨的心情。

正如她在信里写的那样，在见到她时，我直截了当地说，希望她离开种子教师的队伍。

那是活动结束，她送我返程的路上。她说到一件事，我立即郑重建议她离开新教育种子计划公益项目，向她申明：你当种子教师，对我有什么好处呢？种子教师多，对我有什么好处呢？我有病啊，我要你们留下干吗？每多一个，只是意味着我要多担一份责任。

没想到，她给我来了这样的一封信。

只有一句话能够形容我的心情：真是活见鬼了！

这种所谓的情谊，它是那么傻乎乎的，直愣愣的，炽热得简直要把人烫伤。

可是我懂。从她信的开头说到的莫名大哭开始，我就懂。我几乎完全可以感同身受。

因为，曾经懵懵懂懂的我，对庞大的新教育、对所有新教育人，就有着她描述的这种感情。完全相同。

我没有想过要一辈子做新教育的义工。

哪怕是做义工，也只是用自己多余的力气来做一些事。没有像我这样，只有250斤的力气，一不小心钻到了1000斤的担子下，只能拼命学习拼命成长，试图长出800斤的力气来——我想有超过1000斤的力气，不是伟大得想多挑担子，而是希望自己稍微从容一点，不要再过得那么惨。

只是因为遭遇了这样一些人，我越来越明白：我恐怕走不开了。

我可以继续寄希望于他们统统离开我。我却不可能把他们丢到一旁。因为，当我越是发现世界如此残酷时，我越是放心不下啊。

面对现实，我换了一种思路：如果有1000斤的担子，我为什么不去长出2000斤的力气呢？如果再来了3000斤的担子，我就去长出4000斤的力气。

2014年的最后一场“新孩子”乡村阅读公益行活动让我明白了一个道理：世界上已经有了那么多丑恶，为什么我们自己要做一些美好的事呢？

因为，只有坚持走在美好的路上，才会跟同样美好的人相遇。

我什么都可以接受，唯一不能接受的，是把我变成我讨厌的那种人。

一个人活着，一定得渐渐变成自己喜欢的那种人才行。

涤　荡

“新孩子”乡村阅读公益行的生活，是一股洪流，我在其中被淘洗，被涤荡。

从公益行开始，我就胡吃海塞，长胖了十几斤，就是怕病了受不住活动期间的劳累。

公益行进入2015年，劳累一点都没有减少，而且因为之前的透支，抵抗力没那么强。我非常小心地避免生病，还是感冒了，一咳嗽就是半个月。

但是，我已经掌握了诀窍：跟世界较劲，平静是最省力的方式。

真病了，就保持平平静静的，高高兴兴的，老老实实的，一所又一所学校继续讲下去……讲啊讲，结果活动也一样做了下来。

公益行开始时，每每想到只有不足200天的时间，却要进行100场公益活动——而且是乡村啊，许多地方都需要赶很久的路——我就只觉得百爪挠心。

还记得2014年10月17日，一位朋友突然发给我一条消息，我一看是台湾某作家在大陆进行巡回演讲，立刻怀着“哎呀，这个倒霉蛋儿跟我一样全国巡回”的高兴心情，点开了链接。结果我看见这个活动的安排是：一周之内去6个省会城市。我恼羞成怒，气得都没有回复这位朋友。迄今我仍然不知道她为什么发给我这条消息。

我的确很生气。我对自己太生气了。我觉得我实在太蠢了。

全国活动就全国活动，我为什么要定为100所学校呢？我可以把活动定为10所学校啊。我为什么要定为全部是乡村学校呢？我可以把50所学校放在城市里啊。反正城里也有很多学校缺少优秀童书，更缺乏好的阅读方法指导啊，选择城市学校，不仅我往返方便，而且还能顺便做做我的新书宣传。公益行恰好和我的新书出版同时进行，我的责任编辑蓓蓓姑娘痛苦极了，因为我完全没有时间做宣传活动。我为什么不把100所学校变成10种活动呢？媒体都需要新鲜的活动吸引眼球，这样不是有很多新闻可报道吗？

总之，我越来越不明白，为什么我就定了100场。

一直到4月的一天，正在活动期间，我的脑海里突然冒出一个词：百炼成钢。

当时只觉得脑子里轰隆一声巨响。

还记得2011年12月，我走进一位新教育萤火虫种子教师的教室。她的学校位于城乡接合部，班上的孩子多是民工子弟。我看她上课，我和孩子们交流，我给孩子们也上了一堂课……事后，我写过一句话：这两年，我亲眼见过这样的一大批老师黯然神伤转身离开，然而我却总能从绝望处看到希望。

或许，真正的希望，必须从绝望处才能诞生。

因此，只有一次又一次的冰冷，再一次又一次的火热，淬炼着100所学校，百炼成钢。

累得直哭的那一段时间，我曾经反复问自己：如果现在让我重新决定，我还会做这样的乡村活动吗？

现在我可以肯定地回答：会。

如果说，对家境富足的城市孩子而言，阅读是不可或缺的学习工具，那么对乡村孩子而言，阅读是唯一可能的救命稻草。

所以，我现在有了经验，今后再做此类活动，我会做得更好。

但这篇文章，却写得格外艰难。

不仅因为我的写作正在公益行期间，精力不济，最主要的原因是：这的确是个浩大的工程。挂一漏万，让人难于描述。

真相如水。当置身于水中，你无法描述水的形状。当你在一边旁观，你以为看到了整体，但你所能看见的，与其说是水的形状，与其说是真相，不如说是容器——你的心的形状。

这一年来，之所以我总是穿着白裙子、白毛衣、白羽绒服等等白色的衣服走过这一路，唯一的原因是：我猜到公益行期间，我肯定会没有时间打扮，而且又忙又累，肯定会比平时丑很多，如何尽力挽救活动中必然出现的大量拍照？我果断选择了白色。因为，所有白色事物都会在相机镜头里形成漫反射，这样照出来的脸色会好看得多。

——我就是这样一个极其平常的普通女子而已。

我能做的，我们做的，你都行。

只要你愿意。

（原文有删节）

附录二

“新孩子”乡村阅读公益行100所学校名单

序号	时间	地点
第1所	2014年9月2日上午	河南省焦作市马村区工人村小学
第2所	2014年9月2日下午	河南省焦作市修武县第二实验中学
第3所	2014年9月3日上午	河南省焦作市解放区上白作中心小学
第4所	2014年9月4日下午	河南省焦作市温县祥云镇村小学
第5所	2014年9月5日上午	河南省安阳市内黄县第七实验小学
第6所	2014年9月9日下午	河南省郑州市管城区南曹乡魏河小学
第7所	2014年9月10日上午	河南省新郑市薛店镇常刘完全小学
第8所	2014年9月11日上午	河南省洛阳市吉利区阳光小学
第9所	2014年9月12日下午	广西百色市田林县定安镇中心校

续表

序号	时间	地点
第10所	2014年9月14日下午	山东省青岛市经济技术开发区张戈庄小学
第11所	2014年9月15日上午	山东省滨州市邹平县韩店镇中心小学
第12所	2014年9月15日下午	山东省淄博市临淄区皇城镇中心小学
第13所	2014年9月16日上午	山东省莱芜市莱城区口镇政府驻地吐丝口小学
第14所	2014年9月17日上午	山东省诸城市昌城小学
第15所	2014年9月17日下午	山东省诸城市石桥子镇驻地石桥子小学
第16所	2014年9月26日上午	新疆伊宁县第二小学
第17所	2014年9月27日上午	新疆伊犁州奎屯市第三小学
第18所	2014年10月15日下午	江苏省淮安市天津路小学
第19所	2014年10月18日上午	四川省凉山州盐源县泸沽湖镇达祖小学

续表

序号	时间	地点
第20所	2014年10月21日下午	内蒙古赤峰市宁城县天义第三实验小学
第21所	2014年10月24日上午	浙江省温州市鹿城区七都街道吟州小学
第22所	2014年11月1日上午	河北省石家庄市桥西区四维小学
第23所	2014年11月2日上午	河北省任丘市出岸镇北一小学
第24所	2014年11月3日上午	河北省邢台市路罗镇明德小学
第25所	2014年11月3日下午	河北省邢台市巨鹿县育蕾小学
第26所	2014年11月12日下午	陕西省西安市灞桥区长乐坡中心小学
第27所	2014年11月13日下午	陕西省安康市汉阴县汉阳镇中心小学
第28所	2014年11月14日上午	陕西省西安市灞桥区斡耳垛小学
第29所	2014年11月14日下午	陕西省西安市灞桥区十里铺小学

续表

序　号	时　间	地　点
第30所	2014年11月15日上午	甘肃省庆阳市宁县早胜镇早胜小学
第31所	2014年11月16日上午	甘肃省兰州市永登县城关镇新城区小学
第32所	2014年11月17日下午	山西省运城市盐湖区舜帝复旦示范小学
第33所	2014年11月18日上午	山西省运城市临猗县闫家庄高级小学
第34所	2014年11月18日下午	山西省运城市绛县安峪镇仓丰村仓丰小学
第35所	2014年11月19日下午	四川省成都市金堂县阳河街赵家镇小学
第36所	2014年11月20日上午	四川省泸州市叙永县两河镇保丰村两河镇中心小学
第37所	2014年11月20日下午	四川省泸州市泸县立石街村立石中心小学校
第38所	2014年11月22日下午	宁夏银川市西夏区南梁农场场部南梁小学
第39所	2014年11月23日下午	河北省南和县第一小学

续表

序号	时间	地点
第40所	2014年11月24日上午	河北省南和县闫里乡段村学校
第41所	2014年11月25日下午	贵州省凤冈县新建乡中心完小
第42所	2014年11月28日下午	安徽省安庆市大观区十里中心学校
第43所	2014年11月29日上午	湖北省随州市随县唐镇中心小学
第44所	2014年11月29日下午	湖北省随州市随县环潭镇小学
第45所	2014年12月6日下午	广东省廉江市车板镇中心小学
第46所	2014年12月7日上午	广东省翁源县龙仙第四小学
第47所	2014年12月8日上午	重庆市涪陵区义和镇九年制学校
第48所	2014年12月9日上午	重庆市长寿区洪湖镇三合小学
第49所	2014年12月10日上午	海南省保亭县响水中心学校

续表

序号	时间	地点
第50所	2014年12月21日上午	福建省厦门市梧侣学校
第51所	2014年12月21日下午	福建省厦门市同安区西塘小学
第52所	2014年12月22日上午	福建省闽清县东桥镇中心小学
第53所	2015年3月14日上午	河南省商丘市解放村小学
第54所	2015年3月14日下午	河南省新乡市原阳县城关镇南街学校
第55所	2015年3月16日上午	海南省白沙黎族自治县青松乡中心学校
第56所	2015年3月17日上午	贵州省遵义市汇川区高坪镇大桥小学
第57所	2015年3月19日上午	内蒙古满洲里市第六学校
第58所	2015年3月21日上午	湖南省南县南洲镇德昌小学
第59所	2015年3月21日下午	湖南省长沙市岳麓区学士睿哲希望小学

续表

序号	时间	地点
第60所	2015年3月22日下午	河北省石家庄市南石家庄小学
第61所	2015年3月24日下午	黑龙江省牡丹江市林口县林业局子弟小学
第62所	2015年3月28日下午	北京市怀柔区实验小学
第63所	2015年3月30日下午	陕西省西安市周至县九峰镇永丰小学
第64所	2015年3月31日下午	江西省吉安县海尔希望小学
第65所	2015年4月1日上午	四川省德阳市中江县集凤镇石垭子村小学
第66所	2015年4月1日下午	四川省乐山市水口镇中心小学
第67所	2015年4月2日上午	四川省峨眉山市高桥镇小学
第68所	2015年4月3日上午	四川省古蔺县石屏乡石屏小学
第69所	2015年4月3日下午	四川省泸州市叙永县叙永镇先农小学

续表

序号	时间	地点
第70所	2015年4月7日上午	北京市新教育实验学校
第71所	2015年4月8日上午	天津市河西区越秀路恩德里小学
第72所	2015年4月10日上午	江苏省灌南县孟兴庄镇中心小学
第73所	2015年4月11日上午	江苏省泰兴市新街小学
第74所	2015年4月11日下午	江苏省常州市武进区横山桥镇新安村新安小学
第75所	2015年4月12日上午	江苏省掘港镇如东县宾山小学
第76所	2015年4月13日上午	浙江省嘉兴市秀洲区王江泾镇中心小学
第77所	2015年4月13日下午	江苏省海门市四甲镇国强小学
第78所	2015年4月14日上午	江苏省海门市能仁小学
第79所	2015年4月20日上午	山东省威海市火炬高技术产业开发区初村小学

续表

序　号	时　间	地　点
第80所	2015年4月21日下午	山东省日照市国际海洋城涛雒下元小学
第81所	2015年4月23日下午	山东省日照市五莲县户部乡镇驻地户部小学
第82所	2015年4月29日上午	河南省商丘市睢县留守儿童实验学校
第83所	2015年4月30日上午	浙江省温州市乐清市清江镇第一小学
第84所	2015年4月30日下午	浙江省苍南县藻溪镇藻溪小学
第85所	2015年5月4日上午	四川省金川县东方红小学
第86所	2015年5月5日上午	四川省宜宾市翠屏区李庄镇中心小学校
第87所	2015年5月6日下午	西藏林芝广东实验学校
第88所	2015年5月8日上午	广西柳州市融安县大坡乡岗伟小学
第89所	2015年5月9日上午	广西靖西县第五小学

续表

序　号	时　间	地　点
第90所	2015年5月10日下午	云南省保山市隆阳区汉庄镇团山小学
第91所	2015年5月12日上午	河南省三门峡市第四小学
第92所	2015年5月12日下午	河南省洛阳市高新区孙旗屯小学
第93所	2015年5月13日下午	吉林省东丰县横道河镇中心校
第94所	2015年5月14日上午	辽宁省凌源市三十家子镇姜杖子小学
第95所	2015年5月15日上午	青海省西宁市大通县景阳镇苏家堡村大通四中
第96所	2015年5月15日下午	青海省湟中县汉东乡冰沟小学
第97所	2015年5月16日上午	内蒙古鄂尔多斯市东胜区罕台镇润泽小学
第98所	2015年5月17日上午	上海市闵行区浦航小学
第99所	2015年5月19日上午	新疆乌鲁木齐市达坂城区阿克苏中学
第100所	2015年5月20日上午	新疆生产建设兵团农业建设第十二师养禽场子女学校

后记

喜阅长征路漫漫　你我同行共求之

这本书之所以命名为“喜阅长征”，是因为这四个字恰到好处地概括了我们所讲述的故事。

关于“喜阅”

“喜阅”两个字拆开来，分别代表着童喜喜的名字和“新孩子”乡村阅读公益行的核心内容。从喜喜的个人成长、职业经历到她发起、策划、执行、推进“新孩子”乡村阅读公益行活动，从一个人萌发了一个近乎疯狂的念头到一群人的勠力同心，其间种种艰辛与快乐，种种爱与感动，贯穿在本书的字里行间，却也是区区一本书无法道尽的。

“喜阅”连在一起，阐释了“新孩子”乡村阅读公益行活动对于阅读的态度，对于通过阅读推进乡村教育的理念与决心。在乡村日渐式微的今天，乡村教育也走入困境。本书旨在通过对这次活动的讲述，探讨乡村教育的特点与痛点，唤醒更多人对乡村教育的关注，让更多人明了阅读是一条立足根本、直接高效的路。“喜阅”，既倡导了“爱读书、读好书、善读书”，也昭示着因为喜欢阅读而带来的一种幸福完整的教育生活。

关于“长征”

“长征”意味着艰难困苦，意味着耗时漫长，意味着规模宏大，意味着影响深远。“新孩子”乡村阅读公益行活动从2014年6月6日启动；2015年5月20日完成第一阶段100所乡村学校的讲座和1000万元赠书的陆续到位；2015年6月6日启动为期3年的第二阶段活动：萤火虫阅读指导服务。整个活动将历时4年，覆盖全国（港、澳、台地区除外），其历时之长、规模之巨、影响之远，在中国教育史上都是前无古人的，以“长征”喻之，绝不为过。

“长征”更意味着勇气，意味着毅力，意味着相互支撑。

“新孩子”乡村阅读公益行的艰辛无须赘言。面对重重艰险，童喜喜和她的团队爆发出了超人的胆略和毅力，就像他们用以自喻的萤火虫一般，越黑暗越明亮。正是这种胆略和毅力，让他们坚持了下来。在他们坚持的过程中，更深刻地体现了团队合作的力量，为了共同的追求，彼此信任、相互支撑，当光明的彼岸越来越靠近时，相信那种美妙的感觉足以抵消一路上遭受的所有艰辛与痛苦。

如今，“新孩子”乡村阅读公益行尚在路上，我们倡导阅读、拯救乡村教育乃至推进整个国家的教育事业的“喜阅长征”更是前途漫漫，让我们共读共行，彼此相扶，向那光明的彼岸继续前行吧。

喜阅长征路漫漫，你我同行共求之！

最后，谨以此书献给所有在城市、乡村默默奉献的教师；献给“点亮自己，照亮他人”的萤火虫义工；献给为推动中国新教育事业而不计名利奔走呼号的教育人士；献给给予“新孩子”乡村阅读公益行项目巨大支持的二十一世纪出版社集团；献给正走在“亲子共读”幸福生活中的父母和孩子们。